© 2017 Regine Reichwein

Umschlag, Innenteil: Angela Herold, HEROLDDESIGN
Illustration: www.pixabay.com

Verlag: tredition GmbH, Hamburg

ISBN
Paperback: 978-3-7439-4790-0
Hardcover: 978-3-7439-4791-7
e-Book: 978-3-7439-4792-4

Printed in Germany

www.tredition.de

REGINE REICHWEIN

Gespräche mit Valentino

Kleine Anregungen zu größerer Bewusstheit

Über die Autorin

Regine Reichwein lebt mit ihrem Kater Valentino in Berlin und Portugal. Sie hat Mathematik und Physik, aber auch Psychologie, Philosophie, Pädagogik und Politik studiert und war mehr als zwanzig Jahre Professorin an der Technischen Universität Berlin

Durch die Arbeit mit den Studierenden wurde ihr bewusst, dass sie zusätzliche Qualifikationen brauchte, um ihren eigenen Ansprüchen an ein umfassenderes Angebot für diese zu genügen. In diesem Zusammenhang hat sie sich unter anderem intensiv mit den neuesten Ergebnissen der Biophysik und Hirnforschung auseinandergesetzt und eine Ausbildung als Gestaltpsychotherapeutin gemacht.

Inzwischen arbeitet sie als Trainerin, Beraterin und Supervisorin für Einzelpersonen, Gruppen und Institutionen. Außerdem malt sie, entwirft und näht Kleider und schreibt.

Seit 2010 sind vier sehr unterschiedliche Bücher von ihr erschienen und dieses ist ihr fünftes Buch.

Für Miriam

Inhalt

Das neue Denken und Handeln

Vorwort

Durch das hier vorgestellte Modell kann man das eigene Leben von unnötigen Belastungen und Stress befreien und durch vielfältige neue Erfahrungen bereichern.

Es ist ein neues und ungewohntes Modell – basierend auf dem Phänomen der nichtlinearen dynamischen Systeme oder der Selbstorganisation.

Die grundlegenden wissenschaftlichen Forschungsergebnisse habe ich in den beiden Sachbüchern **Lebendig sein...** und **Verantwortlich handeln...** ausführlich beschrieben und die zugehörigen Hinweise finden sich im Nachwort. Hier möchte ich die wichtigsten Erkenntnisse auf verkürzte und vereinfachte Weise vorstellen. Deswegen habe ich die Form **Gespräche mit Valentino** gewählt.

Valentino ist mein Kater. Er ist silbergrau und hat das weichste Fell, das ich je angefasst habe. Seine Augen sind groß und goldgelb und er lebt mit mir zusammen. Seine Anwesenheit hat mich dazu angeregt, mir vorzustellen, wie man – in diesem Falle Valentino – mit den neuen Erkenntnissen umgehen könnte.

Jedes Kapitel kann zwar für sich allein gelesen werden, aber die einzelnen Kapitel bauen aufeinander auf und es ist sinnvoll, sie nacheinander zu lesen. Einige der Aussagen in den Texten erschließen sich erst im Verlauf und im Zusammenhang der Kapitel. Es ist deshalb empfehlenswert, auch bei zunächst nicht ganz verständlichen Behauptungen einfach weiterzulesen. Alles Weitere steht im Nachwort. Dieses kann man allerdings auch gleich im Anschluss an das Vorwort lesen.

1. Die eigene Wirklichkeit ist die einzige, die man hat

Valentino springt auf meinen Schreibtisch, setzt sich neben meinen PC und sieht mich ernst an. Allerdings guckt er meistens so. Manchmal glaube ich, er kann nur ernst gucken.

„Sag einmal, weswegen betonst du immer wieder, dass jeder Mensch nur in seiner eigenen Wirklichkeit lebt? Es ist doch immer etwas Wirkliches um uns herum, da leben wir doch beide drin. Im Moment sitzt du am Schreibtisch und ich sitze oben drauf. Das ist doch eine Art gemeinsamer Wirklichkeit. Also wieso bestehst du darauf, dass ich in meiner Wirklichkeit lebe und du in deiner?"

„Es gibt mehrere Gründe", sage ich, „einer ist der Glaube an ‚eine Wirklichkeit für alle'. Dieser Glaube hat in den vergangenen Jahrhunderten, wenn Menschen unterschiedliche Sichtweisen, Annahmen und Vorstellungen vertraten, immer wieder zu teilweise sehr gewalttätigen Auseinandersetzungen zwischen ihnen darüber geführt, wessen Wirklichkeit die richtige ist.

Deswegen finde ich – unter anderem – die Vorstellung von ‚einer Wirklichkeit für alle' sehr problematisch.

Ein weiterer Grund sind die neuen wissenschaftlichen Erkenntnisse über die Funktionsweise der Wahrnehmungssysteme verschiedener Lebewesen. Wir leben wahrscheinlich in ein und demselben Umweltfeld, aber wir können mit unseren Sinnen nur Materie und Energie auf individuell unterschiedliche Weise von diesem Umweltfeld wahrnehmen, sonst nichts.

Und diese materiellen und energetischen Prozesse werden dann im Inneren der Lebewesen und damit auch von verschiedenen Menschen sehr unterschiedlich zu für sie wichtigen Informationen verarbeitet."

„Kannst du das auch noch mal ein bisschen einfacher ausdrücken?", fragt Valentino.

„Ich versuche es! Also, wenn ich mit dir rede, dann mache ich nur Schall-wellen. Diese kommen in deinen Ohren an, werden weitergeleitet und in elektrische Signale umgewandelt. Du stellst in deinem Gehirn dann daraus die für dich wichtigen Informationen her. Deswegen hörst du nur, was du hörst, und nicht unbedingt das, was ich gesagt habe.

Mit dem Sehen ist es ähnlich. Du kannst im Dunkeln viel besser sehen als ich, weil deine Augen anders ausgestattet sind als meine, aber was du siehst, ist das, was dich interessiert und was wichtig für dein Überleben ist. Dein Gehirn sortiert selbstständig aus den vielen verschiedenen elek-tromagnetischen Wellen, die auf deine Augen treffen, das aus, was für dich in dem Moment von Bedeutung ist."

„Das kann ich kaum glauben. Du meinst also, aus allem, was du sagst, oder was ich sehe, stelle ich mir etwas zusammen, was mir passt?"

„Es ist noch viel krasser, nicht du – als bewusstes Lebewesen – wählst das aus. Es ist deine Selbstorganisation, die aufgrund deiner bisherigen Erfahrungen alles für dich auswählt. Wenn du selbst daran beteiligt sein willst, brauchst du dazu bewusste Aufmerksamkeit und intensives Nach-denken. Ansonsten läuft alles mehr oder weniger automatisch ab."

Valentino schüttelt den Kopf. Er fragt vorsichtshalber noch einmal nach, ob ich das auch wirklich ernst meine. Und als ich das bejahe, meint er, darüber müsse er noch einmal nachdenken.

Ich füge noch hinzu: „Weißt du, Valentino, nur materielle Dinge, wie Essen und Trinken, Medikamente, Schläge, Schallwellen usw. oder Ener-gie, zwie Wärme, Gravitation, Licht und andere elektromagnetische Wellen, können in dich eindringen, sonst nichts. Und das wollen die meisten Menschen nicht akzeptieren."

Plötzlich ist Valentino wieder sehr interessiert.

„Wieso wollen sie das nicht akzeptieren?", will Valentino wissen, „ich

finde das richtig gut. Dann kann niemand in mich eingreifen und irgendetwas in mir ändern. Weder meine Gefühle, noch meine Gedanken und
schon gar nicht irgendeinen meiner körperlichen Prozesse. Stelle dir vor,
jemand würde meine Reaktionen langsamer machen oder mir schlechte
Laune verpassen. Furchtbar! Ich bin sehr froh, dass niemand und nichts
aus meinem Umweltfeld mich gezielt – wie du das nennst – beeinflussen
kann."

„Das gilt aber auch für dich", sage ich, „du kannst auch niemanden – und
auch mich nicht – gezielt beeinflussen."

„Aber das ist doch gar kein Problem", Valentino ist ganz gelassen, „du
hast mich gern, du sorgst gut für mich und du freust dich, wenn es mir gut
geht. Mehr brauche ich doch nicht."

Falls man hätte sehen können, wenn Valentino lächelt, dann hätte ich wohl
bei seinem letzten Satz ein Lächeln gesehen. Aber leider ist sein kleines
Gesicht bis auf seine Augen und Ohren meistens ziemlich bewegungslos.

Aber irgendetwas beschäftigt ihn noch. „Ich höre doch, was du sagst, und
ich sehe dich doch", sagte er, „wie kann das gehen, wenn keine Informationen von dir zu mir kommen können. Irgendwie ist es schwierig zu
verstehen. Erkläre es noch einmal."

„Im Grunde ist es einfach", sage ich, „wie gesagt, ich spreche und erzeuge
dadurch Schallwellen. Diese werden in elektrische Signale umgewandelt
und anschließend in deinem Gehirn auf der Grundlage der Worte oder der
Dinge, die du bereits kennst, entschlüsselt. Du stellst also den Inhalt dessen, was ich sage, in deinem Gehirn selbst her, weil du Vorerfahrungen
hast. Worte und Bilder, Mimik und Gestik und so weiter. Alles, was du
schon kennst, ist in deinem Gehirn gespeichert und bildet die Grundlage
für das Neue.

Deshalb kannst du nur hören, was du hörst, aber das stimmt nicht unbedingt mit dem überein, was gesagt wurde und was – vielleicht für andere –
zu hören ist. Und dasselbe gilt für das Sehen. Wir stellen aus allem, was
wir mit unseren Sinnen wahrnehmen, unsere eigene persönliche Wirk-

11

lichkeit her. Du deine und ich meine!"

Und dann füge ich noch hinzu: „Menschen wollen allerdings meistens lieber gemeinsam in einer Wirklichkeit leben und finden die Vorstellung nicht gut, dass jeder in seiner eigenen Wirklichkeit lebt."

„Ich finde das gut", meint Valentino, „ich verstehe nicht, was man dagegen haben kann. Eine eigene Wirklichkeit zu haben, ist doch toll. Ein eigenes Universum, das man ganz allein bewohnt und das man mit allem Neuen immerzu größer, weiter und reicher machen kann und in dem mir keiner etwas hinterlassen kann, was ich nicht will. Findest du das nicht auch toll?"

Valentino scheint richtig begeistert zu sein, nur ich kann mich nicht so richtig entscheiden.

Am liebsten würde ich ja und nein sagen. Einerseits würde ich gern auch eine eigene Wirklichkeit für mich allein haben. Ich möchte aber auch teilhaben an der Wirklichkeit anderer. Ich würde gern wissen, was und wie sie fühlen und denken, und auch, was ihnen wichtig ist und was sie wollen. Wenn es nur eine Wirklichkeit für alle gäbe, wäre das wahrscheinlich einfacher.

Aber wenn jeder in seiner eigenen Wirklichkeit leben würde, müsste ich immer nachfragen, wie es denn in der Wirklichkeit der anderen gerade aussieht, was sie fühlen, denken und sich wünschen. In diesem Fall hilft mir raten nicht viel, ich bin abhängig davon, ob sie mir auf meine Fragen antworten können und wollen. Und ich weiß nie, ob sie auch meinen, was sie sagen.

Ich denke, das Leben wäre vielleicht viel ungefährlicher, wenn wir alle in einer gemeinsamen Wirklichkeit lebten und glauben würden, wir wüssten, was in den anderen Menschen vorgeht. Dann könnten wir uns – vermeintlich – leichter auf ihr Handeln einstellen. Ich glaube, ich würde unter diesen Umständen auch weniger Angst vor ihnen haben. Aber wie Valentino sagt, die anderen Menschen würden dann eventuell auch denken, sie wüssten, was mit mir los wäre. Ich bin mir nicht sicher, ob ich das immer gut finden würde.

Und in der Vorstellung steckt ja auch noch, dass manche Menschen behaupten könnten, sie würden diese Wirklichkeit besser kennen als andere. Das gäbe ihnen dann die Möglichkeit, sich mit anderen darüber zu streiten oder sich über sie zu stellen und zu versuchen, sie zu beherrschen.

Dagegen hat die Vorstellung, dass jedes Lebewesen in seiner eigenen Wirklichkeit lebt, schon etwas Faszinierendes. Ich würde gerne wissen, wie die persönlichen Wirklichkeiten anderer Lebewesen aussehen. Aber so, wie es im Moment zu sein scheint, kann man das offensichtlich nicht wissen, sondern man kann die anderen nur danach fragen, wenn man etwas darüber erfahren will.

Allerdings gibt es so etwas Wunderbares wie die Spiegelneuronen. Die kennt man erst seit 1995. Sie ermöglichen es, mit Hilfe der ankommenden materiellen und energetischen Daten und auf der Grundlage der bisherigen eigenen Erfahrungen in uns Simulationen in Bezug auf den Zustand des Gegenübers herzustellen.

Ich teile Valentino alle meine Überlegungen mit. Er sieht mich an und schweigt. Ich vermute, er denkt nach. Schließlich sind das ja auch alles ziemlich neue Gedanken.

Nach einer Weile beendet Valentino sein Schweigen. „Jetzt will ich es doch noch einmal genau wissen", sagt er, „wie sollen sich zum Beispiel zwei Menschen, die in zwei verschiedenen Wirklichkeiten leben, miteinander verständigen?

Erklär mir doch mal ganz einfach, was geschieht, wenn zwei Personen etwas miteinander zu tun haben."

„Gut", sage ich, „auch auf die Gefahr, dass ich mich wiederhole: Stell dir zwei Kreise vor, jeweils einen für eine Person und dazwischen einen senkrechten Strich. Der Strich soll die Kontaktgrenze zwischen diesen beiden Personen sein. Diese Grenze ist nur offen für Energie und Materie, aber ansonsten für alles anderes geschlossen. Es gehen beispielsweise keine Worte von einem Kreis oder einem Menschen zum anderen. Nur Schallwellen, materielle Einwirkungen, wie Essen, Trinken, Streicheln, aber auch Schläge oder so etwas und auch Licht und andere elektromagnetische Wellen können durch die Kontaktgrenze hindurchgehen. Der Strich zwischen den beiden Kreisen ist die Grenze.

Die zugehörigen Informationen werden dann in den einzelnen Personen – in dem einen oder anderen Kreis – hergestellt. Die eine Person hat keine Möglichkeit, gezielt Informationen über diese Grenze hinweg in der anderen Person hervorzurufen, weil jede Person diese in ihrem eigenen Inneren selbst herstellt. Allerdings ermöglichen die Simulationen der Spiegelneuronen in uns zumindest Vermutungen über den Zustand der anderen Person auf der anderen Seite der Grenze."

Valentino schweigt wieder. Ich befürchte, ich habe wieder einmal zu viel geredet. Aber dann meint er: „Du meinst sicher diese Ahnungen. Wenn ich eine andere Katze sehe, dann merke ich sofort, ob sie freundlich oder aggressiv gestimmt ist. Das sehe ich einfach daran, wie sie guckt, wie sie sitzt oder geht." Ich nicke und füge hinzu: „Schnell zu erkennen, ob jemand angriffslustig ist, kann lebensrettend sein."

Anschließend an diesen Austausch hängen wir beide unseren jeweiligen Gedanken nach.

Schließlich frage ich Valentino: „Weißt du, was eine Frau bei einer Lesung einmal zu mir gesagt hat?" „Woher denn?", fragt Valentino zurück. Diese Genauigkeit von ihm gefällt mir. Ich lächle ihn an und sage: „Also, sie hat gesagt: ‚Das kann ich auf keinen Fall akzeptieren, dass ich keinen Einfluss darauf haben soll, ob jemand mich liebt.'

Sie wollte auf diese Einflussmöglichkeit nicht verzichten. Wahrscheinlich hätte sie sich sonst zu hilflos und ausgeliefert gefühlt."

Und dann sage ich noch: „Ich kann ja verstehen, dass es sehr schwer zu akzeptieren ist, keinerlei gezielten Einfluss auf die Gefühle, Gedanken, Meinungen und Handlungen von anderen Menschen zu haben. Gegenseitige Wechselwirkung findet zwar – vor allem auch mithilfe der Spiegelneuronen – ununterbrochen statt, aber gezielt Einfluss auf jemand anderen zu nehmen und ihn damit kontrollieren zu können, wenn dieser nicht will, funktioniert nicht. Irgendwie kann ich verstehen, dass die meisten Menschen das nicht wahrhaben wollen."

„Haben die Menschen denn vergessen, wie oft sie gescheitert sind, wenn sie es versucht haben?", fragt Valentino, „Ich weiß noch, wie oft du versucht hast, jemanden von schädlichen Handlungen abzuhalten oder bei anderen ein Vorurteil zu entkräften, und wie selten du Erfolg hattest. Eigentlich nie", fügt er überflüssigerweise noch hinzu.

Es stimmt. Früher habe ich dann immer gedacht, ich wäre nicht gut genug gewesen. Heute weiß ich, dass es die Entscheidung meines Gegenübers ist, ob es ein Angebot von mir annimmt oder nicht. Deshalb ist es nicht mein Erfolg. Meine Leistung liegt nur in den Angeboten und ein Angebot ist nur dann erfolgreich, wenn die andere Person es akzeptiert hat.

Valentino redet inzwischen weiter: „Wenn andere das bei dir versucht haben, sind sie meistens auch gescheitert."

Ich stimme Valentino zwar zu, ich habe meistens nur das getan, was ich selbst wollte, aber die Angebote der anderen haben mir oft geholfen, genauer herauszufinden, was ich wollte. Deshalb sage ich zu ihm: „Auch wenn immer die andere Person entscheidet, ist es wichtig, wenigstens zu versuchen, andere zu überzeugen, wenn einem etwas wichtig ist. Aber wir können niemanden überzeugen, der es nicht will. Es geht einfach aus neurophysiologischen Gründen nicht."

„Und weshalb glauben die meisten Menschen, sie könnten andere ärgern, verunsichern oder verrückt machen oder sie könnten durch andere Menschen verletzt oder unglücklich werden?" Valentino will es genau wissen.

„Ich denke, weil wir es so gelernt haben. Menschen glauben dies seit Jahrhunderten und bringen es von Generation zu Generation ihren Kindern bei."

„Das ist ja schrecklich." Valentino ist ganz betroffen.

„Ich glaube, bei Katzen ist das ganz anders", sagt er nach einiger Zeit,

„wir glauben nicht an solche Ideen. Katzen wissen, dass sie unabhängig von anderen sind und dass niemand sie kontrollieren oder zu irgendetwas zwingen kann. Und nebenbei, ich denke, das gilt für alle Tiere. Sie wollen alle nur das machen, was sie selbst wollen, und sind deshalb durch andere nicht kontrollierbar."

Ich stimme Valentino zu und erzähle ihm von den vielen TV-Sendungen über Tiere im Zoo, die ich gesehen habe, und wie oft die Tierpfleger gesagt haben, dass sie die Tiere nicht zwingen können. Ich sage: „Einmal sagte einer der Tierpfleger: ‚Wenn die Nashorndame Friederike nicht in den Stall will, können wir gar nichts machen'. Und dann hat er bedauert, dass sie oft die größeren Tiere narkotisieren müssten, um sie medizinisch zu versorgen, weil sie sich sonst wehrten und sich nichts gefallen lassen wollten." Ich erzähle ihm auch, dass die Tierpfleger stattdessen viel mit Belohnungen arbeiten. Und wenn die Tiere Lust auf die Leckerbissen haben, dann tun sie auch etwas dafür. „Genau wie Menschen", füge ich noch hinzu, „wir tun auch viel dafür, dass andere uns unsere Wünsche erfüllen."

Leider funktioniert es auch mit Drohungen, denke ich. Tiere und auch Menschen machen aus Angst manches, was sie sonst nicht machen würden. Ich habe auch schon oft aus Angst die Erwartungen anderer Menschen erfüllt, obwohl ich es eigentlich nicht wollte: Aus Angst, angegriffen, ausgegrenzt oder verlassen zu werden, oder aus anderen Gründen.

Wenn ich damals schon gewusst hätte, dass man Menschen sowieso nicht gezielt beeinflussen kann, hätte ich sicher manches davon nicht getan.

Heutzutage fühle ich mich durch diese neuen wissenschaftlichen Erkenntnisse über selbstorganisierende Systeme viel freier.

2. Selbstorganisation

„Warum ist dir denn das Modell der Selbstorganisation so wichtig?", fragt mich Valentino. Ich bin erstaunt darüber, dass er das wissen will.

„Das ist nicht einfach zu beantworten, ich glaube, dafür brauche ich richtig Zeit. Willst du wirklich solange zuhören?", frage ich zurück und als er nickt, fange ich an zu reden.

„Die Idee, dass aus Chaos spontan Ordnung entstehen kann, ist schon sehr alt, ebenso wie die Erkenntnis, dass sich lebendige Prozesse nicht wirklich kontrollieren lassen, weil die Zukunft – zumindest bei lebendigen Prozessen – stets unbestimmt ist.

Aber in unserer Kultur haben sich seit vielen Jahrhunderten bestimmte Vorstellungen über Kontrolle, Berechenbarkeit und Beherrschbarkeit festgesetzt. Mit Hilfe der sich immer weiter entwickelnden Wissenschaften und den daraus resultierenden technischen Errungenschaften haben sich auch die Illusionen ausgebreitet, alles sei erreichbar und es gäbe dafür keine Grenzen. Und es gibt noch mehr Illusionen als nur diese.

Leider führen alle diese Illusionen sowohl in persönlichen als auch in wissenschaftlichen und gesellschaftspolitischen Bereichen zu sehr gefährlichen Entscheidungen und Handlungen. Deshalb möchte ich, dass Menschen mehr über selbstorganisierende Prozesse wissen und darüber nachdenken, wie sie entscheiden und was sie tun."

„Dass du das willst, kann ich gut verstehen. Wenn ich die täglichen Nachrichten höre, frage ich mich ganz oft, wer eigentlich auf die Idee gekommen ist, Menschen für intelligent zu halten, so dumm, wie sie sich oft aufführen und sich das dann auch noch schönreden."

Valentino ist richtig aufgebracht und ich kann es ihm nicht verdenken. Ich denke das auch ganz oft. Aber ich gehöre zu dieser Gattung dazu und habe selbst lange Zeit an diese Illusionen geglaubt, obwohl ich vor allem deshalb damals sehr unglücklich war.

„Weißt du", sage ich, „die bisherigen Ideen unterstützen die Vorstellung, Menschen könnten einander gezielt beeinflussen, z. B. einander ärgern, verunsichern, verletzen, glücklich machen und vieles anderes mehr. Das führt oft dazu, dass sich Menschen wechselseitig als Täter und Opfer wahrnehmen, sich dementsprechend bekämpfen und sich gegenseitig sehr misstrauisch betrachten. Und Menschen, die sich eher feindselig gegenüberstehen, suchen nach Sicherheit und Orientierung und lehnen daher das ihnen Fremde und Unbekannte ab. Das kann leider dazu führen, dass sie sich leichter auf politische Richtungen einlassen, die ihnen Sicherheit versprechen. Das missfällt mir alles sehr. Und dazu kommt noch viel mehr, was mir auch missfällt." Und dann sage ich noch: „Ich merke, ich könnte mich jetzt immer so weiter empören."

„Dann mach doch", sagt Valentino.

„Ich will nicht so herumklagen", sage ich. Aber da Valentino mich dazu auffordert, weiterzureden, tue ich das auch: „Es ist im Grunde wirklich ernst. Es muss sich dringend etwas ändern. Wir erziehen unsere Kinder immer noch auf der Grundlage dieser jahrhundertealten Vorstellungen und wundern uns, wenn sie aufgrund der Unterdrückung ihrer Autonomie rebellieren, sich verweigern oder sogar gewalttätig werden." Ich halte einen Moment in meiner Rede inne und merke, dass ich diese Prozesse ziemlich schlimm finde und beim Weiterreden immer wütender werde: „Offensichtlich wollen wir diese veralteten Vorstellungen behalten. Wir Menschen wollen Sicherheit – und das finde ich auch verständlich – und deshalb wehren wir uns gegen Verunsicherungen durch Unbekanntes, Andersartiges oder Fremdes. Wir wollen eine sichere Umwelt, obwohl wir im Grunde wissen, dass es so etwas gar nicht gibt.

Was nicht so ist wie wir, bekämpfen wir. Wir sorgen allerdings durch solche Kämpfe gleichzeitig dafür, dass unsere Umwelt immer unsicherer wird. Das lässt sich leider überall beobachten. Wir haben nicht gelernt, wie wir mit selbstorganisierenden Systemen umgehen müssen, damit sie – und damit auch wir – überleben können. Wir missachten immer wieder die dazu notwendigen grundlegenden Bedingungen und das tun wir in allen Lebensbereichen. Leider führt das meistens zu Eskalation und Zerstörung."

Ich habe mich richtig in Rage geredet und da Valentino schweigt und ich den Eindruck habe, dass er mir noch zuhört, rede ich einfach weiter: „Nicht nur die Beziehungen zwischen Menschen allüberall auf der Welt sind ständig in Gefahr zu eskalieren, auch die Beziehungen zur Umwelt sind davon geprägt. Viele Menschen haben meist nur geringe Hemmungen, alles auf unserem Planeten auszubeuten, was gewinnversprechend zu sein scheint, und nehmen dafür irreversible Schäden der Umwelt in Kauf.

Möglicherweise tun sie dies auch, weil sie keinerlei Kenntnisse über die grundlegenden Überlebensbedingungen selbstorganisierender Systeme haben, beziehungsweise diese nicht ernst nehmen. Schließlich wird weder in den Schulen noch in den Hochschulen darüber geredet und auf den Ernst der Situation hingewiesen. Und das wundert mich nicht. Die meisten Menschen wollen die vermeintliche Macht und Kontrolle nicht aufgeben.

Aber selbstorganisierende Systeme sind nicht kontrollierbar, sondern nur in Echtzeit beobachtbar – und es können wegen der hohen Komplexität keine eindeutigen Beziehungen zwischen Ursachen und Wirkungen hergestellt werden. Weil die wissenschaftliche Erforschung dieser Systeme daher nicht zu mehr Kontrolle über diese Systeme führt, gibt es für solchen ‚Luxus‘ – der Beobachtung ihrer Veränderungen im Verlaufe der Zeit – meistens auch keine Forschungsgelder…"

Valentino unterbricht meine lange Rede: „Aber das könnte doch interessant sein. Mich fasziniert, was manche Lebewesen so machen, denn wenn ich ihre Verhaltensweisen besser kenne, erhöht das meine Jagdchancen."

„Das sehe ich auch so", sage ich, „aber bei Menschen kommt noch etwas hinzu. Selbstorganisierende System gehen stets mit Unbestimmtheit einher und sind daher immer gut für Überraschungen. Das erzeugt Unsicherheit und wir alle wollen lieber Sicherheit. Daher bestehen keine guten Chancen dafür, dass das Modell der Selbstorganisation die notwendige Bedeutung im Bewusstsein der Menschen erhält."

Aber Valentino hat einen Einwand: „Auch wenn ich Sicherheit will, kann sie mir doch keiner versprechen. Es kann doch immer irgendetwas passieren, womit ich nicht gerechnet habe. Wissen Menschen das denn nicht?"

„Ach, Valentino, ich glaube, irgendwie wissen sie es schon. Aber es macht Angst und deswegen wollen wir es nicht wahrhaben. Und es gibt ja noch andere Schwierigkeiten."

Ich seufze und Valentino guckt mich an und fragt: „Was hast du denn? Es ist doch nicht alles so schlimm, wie du befürchtest." Und dann fügt er hinzu: „Denk doch mal an alle die Menschen, die sich für den Schutz der Umwelt einsetzen und sich für neue nachhaltige Konzepte engagieren. Die wollen alle auch – genau wie du – die Welt verbessern und müssen – genau wie du auch – abwarten, dass sich diese Prozesse selbstorganisiert entwickeln. Du hast es doch selbst gesagt, dass man selbstorganisierende Systeme nicht von außen gezielt beeinflussen kann. Dass man ihre Veränderungen nur in Echtzeit beobachten kann." Und nach einer kurzen Pause fügt er dann noch hinzu: „Obwohl man es ja trotzdem immer versuchen kann."

Damit hat Valentino recht.

Ich streichele ihn und sage: „Danke, Valentino, dass du versuchst, mich zu trösten. Es hilft mir, wenn du mich an die Grenzen erinnerst, die wir alle haben. Dann kann ich selbst auch geduldiger sein."

Allerdings denke ich, „vielleicht geduldiger sein", denn ich glaube doch nicht wirklich an meine Geduld. Ich will unbedingt, dass sich Menschen mit diesem Modell beschäftigen.

Ich habe auch zwei sehr persönliche Gründe: Ich mache mir Sorgen um die Entwicklungen auf diesem Planeten und ich weiß aus eigener Erfahrung, wie frei und autonom ich mich fühle, seitdem ich die wesentlichen Grundlagen dieses Modells begriffen habe.

Ich bin mir inzwischen bewusst, ich lebe in meiner persönlichen Wirklichkeit, die mir ganz allein gehört. Allerdings bin ich in ständiger Wechselwirkung mit meiner Umgebung. Niemand kann mich gezielt beeinflussen, wenn ich aufmerksam darauf achte, was ich will, und mir bewusst mache, was ich nicht will. Als selbstorganisierendes System bin ich nur offen für Materie und Energie und für alles andere geschlossen. Alle meine inneren Prozesse, meine Gefühle und Gedanken entstehen nur in mir und werden nicht von anderen hervorgerufen. Wechselwirkung findet zwar immer statt, aber eben mithilfe materieller und energetischer Prozesse, die ich über meine Sinne, besser mithilfe meines Wahrnehmungssystems wahrnehme.

Ich kann andere nicht kontrollieren und habe keine Macht über sie und andere können mich nicht kontrollieren und haben keine Macht über mich. Wie schön! Wie frei!

Wenn nur nicht die vielen vor allem während der Kindheit und Jugend gelernten Verhaltensmuster wären!

Sie erschweren es mir und anderen, die neuen Erkenntnisse in realen Situationen anzuwenden. Ich weiß auf einer kognitiven Ebene, dass meine Gefühle in mir entstehen, aber auf der emotionalen Ebene – wenn ich das jetzt einfach einmal so trennen kann – fühle ich mich ganz oft in verschiedenen Situationen „nicht gesehen", „schlecht behandelt", „zurückgewiesen", „ausgegrenzt", „ohne Bedeutung" oder „ohne Wirkung" und das tut mir weh und ich werde wütend. Leider habe ich nach wie vor die Tendenz, ab und an den anderen dafür die Schuld daran zu geben, weil ich ihre Verhaltensweisen auf mich beziehe, obwohl sie sich nur selbst und ihre momentanen Intentionen ausgedrückt haben.

Allerdings haben die anderen – wenn ich mich so behandelt fühle – nur meine existenziellen Wünsche nicht erfüllt und das ist eben ziemlich schmerzhaft. Leider wird das oft von den meisten Menschen – nicht nur von mir – so interpretiert, als wäre dieses Gefühl von Schmerz von anderen verursacht worden, obwohl das nicht geht. Alle Gefühle entstehen nur in einem selbst. Leider sind die alten gelernten Muster, nach denen diese von den anderen hervorgerufen werden, sehr hartnäckig. Wir fühlen uns immer wieder sehr schnell als Opfer der anderen, obwohl diese uns meist nur unsere Wünsche nicht erfüllt haben. Aber jeder Mensch kann selbst entscheiden, welche Wünsche er erfüllen will, und welche nicht.

Leider brauche ich immer noch etwas Zeit, um mir bewusst zu machen und zu akzeptieren, dass sich andere Menschen autonom entscheiden können, welche Wünsche sie erfüllen wollen und welche nicht. Ich will diese Freiheit ja auch für mich. Aber es ist nicht so einfach.

Immer wieder merke ich, dass ich mich nur in dem Maße autonom fühle, in dem ich auch den anderen ihre autonomen Entscheidungen zugestehe. Tue ich das nicht, fühle ich mich mental und emotional abhängig vom

Verhalten anderer und entscheide selbst nicht mehr frei, was ich sagen und tun will.

Und dazu kommt noch, dass Menschen sich immer nur selbst ausdrücken. Ein Mensch, der versucht, mich auszugrenzen, zu beleidigen oder mich nicht ernst nimmt, drückt damit nur seine eigene Haltung in Bezug auf andere Menschen aus – in diesem Falle mir gegenüber – und verrät durch sein Verhalten ganz viel über sich selbst.

Ich erzähle das alles Valentino, als wir später am Abend beide auf dem Sofa sitzen – also ich sitze, er liegt – und er hört mir zu.

Als ich versuche, ihm deutlich zu machen, wie schwierig es ist, sich die eigenen Muster bewusst zu machen und sich dann zu entscheiden, ihnen nicht zu folgen, nickt er und meint voller Mitgefühl: „Ich sehe ja, wie schwer es dir manchmal fällt und wie lange du dich dann aufregst oder traurig und enttäuscht bist. Aber ich habe beobachtet, dass du dich meistens ziemlich schnell wieder einkriegst und darüber kannst du dich doch im Grunde freuen."

Ich fühle mich ein bisschen entlastet. Und es stimmt ja, es ist wirklich nicht leicht, jahrhundertealte Überzeugungen, die man sich von klein auf hat aneignen müssen, kritisch zu durchschauen und dann auch noch darauf zu verzichten. Und ich kann mich wirklich über jedes einzelne Mal freuen, bei dem ich es geschafft habe. Wie gut, dass Valentino mich darauf aufmerksam gemacht hat. Er liegt halb neben mir und halb auf meinem Bein und ich streichele ihn. Und dann sage ich ihm, wie dankbar ich ihm bin und er schnurrt und genießt es. Er mag es besonders, am Hals unter seinem Kinn gestreichelt zu werden. Und nach einiger Zeit wohligen Schnurrens legt er seinen kleinen Kopf in meine Hand und schläft ein.

3. Wirklichkeitsstrukturierungen I

„Warum sind eigentlich so viele Menschen so unzufrieden?" fragt Valentino, „Wenn ich schon höre, wie sie reden!" Ich frage nach, was er meint. „Sie klagen", sagt er, „sie sagen Sätze, wie ‚Stell dir vor, was mir Schreckliches passiert ist', ‚Ich weiß gar nicht, was ich machen soll', ‚Mir fällt überhaupt nichts dazu ein', ‚Meine Kollegen machen mich fertig', ‚Meine Arbeit langweilt mich', ‚Meine Kinder machen mich noch verrückt', ‚Mein Mann strengt mich wahnsinnig an'. Lauter solche Opfer-Sätze. Warum reden Menschen so?"

„Ich denke, das hat etwas damit zu tun, wie sie ihre Wirklichkeit strukturieren. Sie erleben alles so, als ob alle Impulse ihrer Umgebung auf sie zukämen. Wie Pfeile, die auf sie zufliegen. Sie leben wie in einem Vektorfeld, in dem alle Vektoren oder Kräfte nur auf sie gerichtet sind. Alles in ihrer Umwelt wirkt auf sie ein, wie die Sonnenstrahlen auf den Mond. Der Mond leuchtet nur, wenn er beleuchtet wird. Die Sonne leuchtet von allein. Die Menschen, die sich als Opfer ihrer Umwelt empfinden, sind wie der Mond. Sie denken nicht daran, dass sie sich auch wie die Sonne verhalten könnten. Sie glauben nicht, dass etwas von ihnen selbst ausgehen könnte.

Daher kommen sie meist nicht auf die Idee, dass sie auch selbst auf ihre Umwelt einwirken könnten."

„Ich verstehe nicht ganz, wie du das meinst", sagt Valentino und ich erwidere: „Stell dir einfach vor, du bist eine Kugel und von allen Seiten treffen Pfeile auf dich …"

„Hör auf", sagt Valentino, „das ist ja eine schreckliche Vorstellung. Das gefällt mir gar nicht. Meine Welt ist eher eine Kugel, von der die Pfeile ausgehen, wie die Strahlen von der Sonne. Ich bin kein Opfer, ich bin ein Kater, ein Raubtier. Ich lasse mir nichts gefallen. Ich greife an."

„Wenn du so bist", sage ich, „dann bist du in der Sonnenposition. Dabei gehen die Strahlen von dir aus. Wenn die Strahlen oder die Pfeile auf dich zukommen, bist du in der Mondposition. Aber das bedeutet nicht, dass du automatisch ein Opfer bist. Denn in der Mondposition bist du nur besonders empfänglich für das, was aus der Umwelt auf dich zukommt. Das ist überlebenswichtig, damit du überhaupt etwas über deine Umwelt erfahren kannst. Wir brauchen beide Positionen. Deswegen ist es notwendig, ständig – je nach Notwendigkeit – zwischen beiden Positionen abzuwechseln. Bevorzugt man allerdings immer wieder eine Position, wird es problematisch.

Ist man überwiegend in der Sonnenposition, scheucht man vielleicht andere herum und macht ihnen Vorschriften und kann möglicherweise nicht viel dazulernen. In der Mondposition kann man zwar vieles von der Umwelt aufnehmen und begreifen, aber wenn man in der Mondposition verharrt, fühlt man sich leicht als Opfer. Und manchmal kommt man aus der Opferposition kaum wieder heraus."

„Ich will mich aber nicht als Opfer fühlen, deshalb möchte ich lieber in der Sonnenposition bleiben", meint Valentino.

Ich sage zu ihm: „Wenn das so einfach ginge! Leider werden wir alle in schöner Regelmäßigkeit ‚Opfer' von anderen oder den Umständen, einfach weil wir sie nicht kontrollieren können. Es geschieht eben häufig etwas, was wir nicht wollen. Problematisch wird es, wenn wir in der Opferposition stecken bleiben oder gewohnheitsmäßig die Mondposition bevorzugen."

„Heißt das, ich kann nicht immerzu in der Sonnenposition bleiben?", fragt Valentino und fügt hinzu: „Die Mondposition finde ich furchtbar. Da fühlt man sich doch immer mehr von außen eingeengt und so fremdbestimmt, dass die Gefahr besteht, sich selbst zu verlieren."

„Trotzdem ist sie notwendig, denn nur wenn wir annehmend und aufnehmend sind, können wir auch etwas dazulernen. Deswegen ist es so wichtig, zwischen den verschiedenen Wirklichkeitsstrukturierungen hin und her wechseln zu können."

„Das stelle ich mir ziemlich schwierig vor", sagt Valentino. Aber ich versuche ihn zu beruhigen und sage zu ihm: „Weißt du, das ist nur eine Frage der inneren Haltung."

„Aber wie soll denn das gehen?", fragt er, „ich kann mir das nicht vorstellen."

„Ich versuche, es dir mit Beispielen deutlich zu machen. In der Mondposition sagt man ,Stell dir vor, was mir Schreckliches passiert ist'. Stattdessen könnte man sagen ,Stell dir vor, was ich erlebt habe'. Oder statt ,Ich weiß gar nicht, was ich machen soll' könnte man sagen ,Ich will herausfinden, was ich machen will' und statt ,Mir fällt überhaupt nichts dazu ein' könnte man sagen ,Ich will über das Problem nachdenken'."

„Hast du noch mehr Beispiele?", fragt Valentino nach.

„Ja, massenhaft! Man könnte z. B. statt ,Meine Kollegen machen mich fertig' zu denken, versuchen herausfinden, wie die Beziehungen zu den Kollegen verbessert werden könnten. Statt nur festzustellen ,Meine Arbeit langweilt mich' und dabei zu bleiben, könnte man sich und andere fragen: ,Wie kann ich mir meine Arbeit interessanter gestalten?' Und statt mir selbst oder anderen zu sagen ,Meine Kinder machen mich noch verrückt' oder ,Mein Mann strengt mich wahnsinnig an', könnte ich versuchen herauszufinden, wie ich das ändern kann."

Valentino stoppt mich und sagt: „Es reicht. Ich habe es begriffen. Man kann durch eine Veränderung der Sichtweise und der Formulierungen aus der Mondposition in die Sonnenposition kommen."

„Ja", stimme ich ihm zu, „man könnte jederzeit eine Wirklichkeitsstrukturierung herstellen, in der die Vektoren von einem ausgehen. Dann würde man nicht mehr in Opfer-Position bleiben, sondern tätig werden und seine eigene Wirklichkeit aktiv gestalten."

„Man könnte, man könnte…", Valentino ist nicht mit mir zufrieden. „Du stellst dir das so einfach vor. Wenn man so eine Wirklichkeitsstrukturierung hat, in der man glaubt, die ganzen Pfeile kämen auf einen zu, dann gibt es doch Gründe dafür und dann kann man das doch nicht einfach ändern."

„Du hast ja so recht, Valentino, und das ist wirklich ein Problem. Denn wenn man eine Wirklichkeitsstrukturierung bevorzugt, in der man sich immer wieder leicht als ein Opfer der anderen oder der Umstände empfindet, ist es sehr schwierig, sich frei und glücklich zu fühlen."

„Ich habe noch einmal nachgedacht", sagt Valentino, „wenn man nun die Sonnenposition, also die Wirklichkeitsstruktur bevorzugt, in der die Vektoren bzw. die Impulse von einem selbst ausgehen, wird man dann nicht versuchen, ständig anderen Menschen vorzuschreiben, was sie zu tun und zu lassen haben?"

Valentino wirkt besorgt und fügt dann noch hinzu: „Mit der einen Strukturierung macht man sich möglicherweise zum Opfer und mit der anderen zum Täter. Toll sind beide nicht, obwohl ich die, mit deren Hilfe ich zum Täter werde statt zum Opfer, bevorzugen würde. Ich würde gern mal andere herumkommandieren."

„Ich auch", sage ich, „aber wirklich befriedigend sind weder die eine noch die andere allein. Entscheidend ist, dass man zwischen beiden wechselt. Einmal die eine Struktur, in der man aufnahmefähig ist für die Impulse der Umwelt, also die Vektoren auf einen zukommen, und dann die andere, in der die Vektoren von einem ausgehen, also man seine Wünsche ausdrückt und seine Umwelt gestaltet."

„Bei mir geht das ganz schnell immer hin und her", sagt Valentino, „ich merke etwas und sofort will ich etwas. Je nachdem, ob etwas angenehm ist oder nicht, will ich sofort mehr davon oder es ändern."

„Ich weiß, Valentino, du bist blitzschnell. Du bist ein Raubtier und damit hast du besondere Fähigkeiten. Ich bin nicht so schnell und ich weiß auch oft nicht, was ich will. Ich brauche meistens viel Zeit, um das herauszufinden."

Ich habe den Eindruck, Valentino hat ein bisschen Mitleid mit mir, aber er sagt erst einmal nichts zu meinem letzten Satz. Doch beim Hinausgehen meint er: „Das solltest du aber möglichst schnell lernen. Denn wenn du nicht schnell genug weißt, was du willst, dann passiert meistens das, was die anderen wollen. Und das ist sicher nicht unbedingt das, was du willst."

Und mit dieser letzten Bemerkung verschwindet er zwischen den Sträuchern im Garten.

Ich denke noch ein bisschen nach. Wenn jemand anderes spricht und ich will zuhören – jemand hat das einmal aktives Zuhören genannt –, dann strukturiere ich meine Wirklichkeit so, dass die Impulse auf mich zukommen. Wenn ich dagegen selbst etwas sage, gehen die Impulse von mir aus und die andere Person nimmt sie wahr, wenn sie bereit ist zuzuhören und hinzusehen.

So wechseln wir uns ab und sind – wenn es gut läuft – in einer ständigen Wechselwirkung mit unserer Umwelt.

Eigentlich ganz schön so.

4. Wirklichkeitsstrukturierungen II

Valentino kommt aus dem Garten und meint, er müsse mir etwas erzählen. „Ich habe eben den Nachbarn zugehört und die haben ganz merkwürdig miteinander geredet. „Eigentlich haben sie überhaupt nicht miteinander oder zueinander gesprochen", sagt er, „sondern nur immer jeweils mit sich selbst geredet. Erst hat die Frau, er nennt sie immer Hasilein und sie nennt ihn Bärchen, etwas gesagt und dann hat sie – statt auf seine Antwort zu warten – gleich für ihn geantwortet. Dann hat er etwas gesagt und auch gleich die vermeintliche Antwort seiner Frau hinterhergesagt. Jeder hat sich immer gleich selbst die Antwort auf die eigenen Sätze gegeben. Das ist aber eine ganz merkwürdige Wirklichkeitsstrukturierung."

„Kannst du mir ein Beispiel sagen, ich glaube, ich habe es noch nicht richtig verstanden", frage ich nach.

„Kein Problem", sagt Valentino und dann spielt er mir mit verteilten Rollen das Gespräch des Paares vor:

„Also, Hasilein sagt: ‚Du hast nie Zeit für mich. Aber du interessierst dich ja sowieso mehr für Technik als für Menschen? Naja, du konntest eben Menschen noch nie so richtig leiden.‘ Und Bärchen antwortet: ‚Ich sorge schließlich nur dafür, dass dein Auto wieder funktioniert, nur du hast ja keine Ahnung, wie viel Arbeit das macht. Aber das interessiert dich ja auch nicht.‘

Dann sagt Hasilein: ‚Du interessiert dich ja auch nicht für mich, sonst würdest du nicht so viel Zeit mit Autobasteln oder am Computer verbringen.‘ Und daraufhin er: ‚Wenn du dich ein bisschen mehr mit politischen Fragen oder Fußball beschäftigen würdest, gäbe es ja vielleicht ein Gesprächsthema. Aber Du redest ja nur vom Kochen und Haushalt und klagst, dass du das alles nicht allein schaffst. Da musst du dich nicht wundern, dass ich mich lieber an den Computer setze.‘ Und so ging das weiter und weiter." Und damit beendet Valentino seine Vorstellung.

„Das war sehr eindrucksvoll", sage ich „dazu gehört eine Wirklichkeitsstrukturierung, in der die Pfeile erst von einem ausgehen, dann die Richtung wechseln und wieder zu einem selbst zurückkehren."

Und dann füge ich noch hinzu: „Jeder von den beiden verweigert eine Wechselwirkung mit dem anderen. Das ist sozusagen eine **Wirklichkeitsstrukturierung ohne Wechselwirkung.** Die ist ziemlich unbefriedigend. Jeder Impuls, der von einer Person ausgeht, wird von dieser wieder zurückgenommen. Dadurch gibt es auf der verbalen Ebene nicht wirklich einen Austausch. In jeder Person bleiben nur unerfüllte Wünsche zurück. Schrecklich!“

„Das ist ja dumm“, sagt Valentino, „erst ausgreifen und dann alles wieder zurücknehmen.“

Ich widerspreche ihm: „Manchmal ist es sogar sehr wichtig, einen eigenen Impuls wieder zurücknehmen und sich selbst beherrschen zu können, das nennt man auch retroflektieren.“ Und nach einer Pause sage ich zu ihm: „Du machst das freundlicherweise auch ganz oft, wenn du im letzten Moment deine Krallen einziehst, um mich nicht wirklich zu kratzen. Es gibt viele Situationen, in denen Selbstbeherrschung von großer Bedeutung ist.“ „Ja, wenn du es so siehst“, meint Valentino, „aber heißt das nicht auch, dass alle Wirklichkeitsstrukturierungen wichtig sind?“

Ich stimme ihm zu. „Alle Strukturierungen sind wichtig und werden jeweils für verschiedene Aufgaben gebraucht. Probleme tauchen nur auf, wenn man ständig eine Strukturierung bevorzugt und die anderen vernachlässigt oder gar nicht verwendet.“

„Du meinst, wenn man immer nur klagt und nicht selbst initiativ wird oder wenn man immer nur andere in der Gegend herumscheucht und alle nach der eigenen Pfeife tanzen lässt, statt auch einmal das zu tun, was die anderen wollen?“ Valentino will es, wie immer, genau wissen.

„Es gilt für alle Strukturierungen“, stimme ich ihm zu, „wir brauchen sie alle und keine ist besser als die andere.“

„Manche sind aber nicht nett“, meint Valentino und betrachtet mich mit einem ernsten Gesichtsausdruck. „Ich habe dich beobachtet und weiß jetzt, dass du eine Wirklichkeitsstruktur bevorzugst, die dir gar nicht gut tut.“

Ich bin sehr gespannt und will mehr darüber wissen und Valentino sagt: „Wenn etwas auf dich zu kommst, bist du sehr schnell dabei, es abzuwehren. Du blockst die Pfeile oder Impulse, die auf dich zukommen, ganz oft ab, und zwar ohne nachzudenken, ganz automatisch, und ich finde das nicht gut."

Ich merke, ich will dem nicht zustimmen. „Das stimmt doch gar nicht", sage ich.

Valentino bleibt unbeeindruckt und fragt, ob ich Beispiele hören will.

Bereits in diesem Moment merke ich, wie ich schon wieder abwehren will, aber ich überwinde mich und nicke.

„Also, als deine Freundin dir gesagt hat, sie würde gern mit dir ins Kino gehen, bist du gar nicht darauf eingegangen. Mit ihr auf den Markt gehen wolltest du auch nicht. Wenn dir jemand sagt, du hättest ihm sehr geholfen, sagst du nur, dass sei doch selbstverständlich gewesen."

Ich will ihn unterbrechen und merke dabei, wie gern ich alles, was er sagt, abwehren möchte. Aber Valentino will weiterreden und sagt: „Deiner Freundin Gila ist das auch aufgefallen. Deswegen sagt sie immer zu dir: ‚Wenn man dir gibt, nimm! Und wenn man dir nimmt, schrei!' und irgendwie weißt du, dass es stimmt. Du wehrst eher ab, als dass du annimmst."

Ich stelle mir die zugehörige Wirklichkeitsstruktur vor. Viele der auf mich zukommenden Pfeile wehre ich tatsächlich ab, wie mir unangenehme Sonnenstrahlen mit einem Sonnenschirm. Es wird wirklich Zeit für mich, mit dieser Wirklichkeitsstrukturierung aufzuhören.

Valentino hat recht. Die Welt um mich herum macht mir mehr Angst, als notwendig wäre, und das führt zu meiner Tendenz, vieles von dem, was auf mich zukommt, abzuwehren.

Es sind meine Katastrophenphantasien, die sich ungefragt und penetrant bei jeder möglichen Gelegenheit einstellen und mich dazu bringen, so ablehnend zu sein. Ich weiß auch, wann und wodurch ich gelernt habe, immer gleich das Schlimmste zu vermuten.

Aber die Zeiten sind schon lange vorbei und ich könnte allmählich wieder selbst die Verantwortung übernehmen und versuchen, diese Phantasien endlich als solche zu betrachten und sie in das Land der Phantasien zu schicken, wo sie hingehören.

Aber während ich darüber nachdenke, fällt mir eine andere, nämlich die entgegengesetzte Wirklichkeitsstrukturierung ein. Sie ist mir bei einer Bekannten aufgefallen. Sie heißt Susi und sie eignet sich alles an, was aus der Umwelt auf sie zu kommt. Wenn ich ihr von einer Idee für eine neue Geschichte erzähle oder ihr einen Vorschlag mache, sagt sie meistens, so etwas hätte sie auch schon einmal schreiben oder machen wollen oder sie hätte sich das auch schon überlegt. Jedes Mal, wenn ich mir etwas Neues gekauft habe, sagt sie, sie hat schon am Tag davor daran gedacht, es sich zu kaufen.

In ihrer Gegenwart war und ist es mir unmöglich, auch nur irgendetwas zu sagen oder zu tun, ohne von ihr zu hören, dass sie das zuvor auch schon gedacht, getan oder zumindest zu tun beabsichtigt hatte.

Ich weiß noch, wie ich darüber zunächst ärgerlich war, wie ich mich enteignet fühlte und mich schließlich nur noch darüber wunderte. Wie lernt man ein solches Verhalten?

Ich mache mir eine Skizze und denke weiter darüber nach, auf welche vielfältigen Arten und Weisen Menschen die unterschiedlichen materiellen und energetischen Impulse aus ihrem Umfeld in eine zu ihnen passende Wirklichkeit organisieren können. In Susis Wirklichkeitsstrukturierung gibt es nur ihre Gedanken und Ideen, jeden der von mir oder anderen ausgehenden Impulse behandelt sie sofort so, als wären es ihre eigenen. Ob sie auch Angst hat? Oder gibt es andere Motive für ihr Verhalten? Ich weiß es nicht.

Wahrscheinlich gibt es auch Menschen, in deren Wirklichkeitsstrukturierung es gar keine Gerichtetheit gibt und die solche Impulse von anderen oder aus ihrer Umwelt gar nicht auf sich beziehen. Ich mache mir eine weitere Skizze mit einem Kreis für eine solche Person. Alle Pfeile, die ich zeichne, gehen an dem Kreis, welche die Person symbolisiert, vorbei. Das wäre eine Wirklichkeitsstrukturierung, mit der eine Haltung des Desinteresses deutlich gemacht werden kann.

Eine solche Wirklichkeitsstrukturierung haben wahrscheinlich Menschen, die oft denken, das, was um sie herum geschieht, sei nicht ihr Problem oder ginge sie nichts an. Sie trifft möglicherweise auch auf Menschen zu, die eine „Null-Bock-Haltung" in Bezug auf ihre Umwelt haben und denen alles Mögliche gleichgültig ist.

Ich denke, wie traurig das ist, wie leer ihre Welt sein muss. Wir Menschen sind soziale Wesen, wir brauchen die Wechselwirkung mit anderen Lebewesen wie Essen und Trinken.

5. Gefühle I

Die Wunschgefühle: Unzufriedenheit, Ärger, Wut

Ich sitze in der Küche und trinke Kaffee, als Valentino in die Küche kommt und mich fragt: „Wenn du mich nicht ärgerlich machen kannst, wie du behauptest, wieso bin ich dann trotzdem ärgerlich und habe den Eindruck, du wärest an der Veränderung meines inneren Zustandes schuld?"

„Es ist etwas anders", sage ich. „Wenn du ärgerlich wirst, dann enthält dieses Gefühl die Botschaft an dich, dass du gerade etwas bekommen hast, was dir nicht gefällt, und dass du etwas anderes willst. Dann geht es nur noch darum, darüber nachzudenken, was du denn stattdessen möchtest."

„Meistens weiß ich das auch ohne Nachdenken genau. Du zeigst mir immer deine leere Hand, wenn du mir keine Leckerchen mehr geben willst, und dann werde ich ärgerlich. Dieses Handzeichen will ich nicht, ich will weiter die Katzenleckerchen haben. Aber meistens kriege ich nichts mehr, obwohl ich dir deutlich zeige, was ich will."

Das stimmt, Valentino tippt mir immer auf meinem Oberarm, wenn er noch mehr davon haben will, und er klingt sogar im Moment sehr ärgerlich, nur weil er sich an die Situation erinnert.

„Es tut mir leid, aber zu viel davon ist nicht gesund", sage ich und er meint, dass sei ihm egal, sie würden ihm einfach sehr gut schmecken.

„Gibt es noch andere Situationen, in denen du ärgerlich auf mich wirst?", frage ich ihn, aber er meint, meistens würde ich ja tun, was er möchte, und alle seine Wünsche erfüllen. Deshalb hätte er kaum Gründe, ärgerlich zu sein.

Darüber bin ich ganz froh, denn auch wenn ich weiß, dass Gefühle von Unzufriedenheit, Ärger und Wut bei anderen nur bedeuten, dass diese Wünsche an mich haben, die ich nicht erfüllt habe, möchte ich lieber, dass sie zufrieden sind.

Aber mir ist auch bewusst, dass ich nicht alle Erwartungen und Wünsche von anderen erfüllen kann, und dann sind Unzufriedenheit, Ärger oder sogar Wut bei anderen sozusagen vorprogrammiert. Ich kann im Grunde nur hoffen, dass die anderen Menschen so vernünftig sind zu akzeptieren, dass nicht alle Wünsche, die sie an andere Menschen haben, erfüllt werden können. Schließlich haben alle anderen auch ein eigenes Leben, ebenso wie ich.

Und ich denke an die vielen unerfüllten Wünsche, die ich – bis heute – habe. Es ist schwer zu akzeptieren, dass nicht alle Wünsche erfüllt werden.

„Wenn Unzufriedenheit, Ärger und Wut Wunschgefühle sind, muss es doch Unterschiede dazwischen geben, sonst hätte man den Gefühlen nicht verschiedene Namen gegeben", meint Valentino, „also, was sind denn nun die Unterschiede zwischen Unzufriedenheit, Ärger und Wut?"

„Es ist ziemlich einfach", sage ich, während ich noch darüber nachdenke, „bei Unzufriedenheit weiß man meistens noch nicht, was man eigentlich nicht mag oder nicht will, man muss erst nachforschen, bis man es weiß. Und erst dann kann man seine Wünsche herausfinden und versuchen, dass sie erfüllt werden, damit man wieder zufrieden sein kann.

Bei Ärger weiß man meist genau, was einem nicht passt, aber die Wünsche sind einem – ebenso wie bei Unzufriedenheit – oft noch nicht bewusst. Diese kann man nur durch Nachdenken herausfinden. Leider machen sich die meisten Menschen nicht die Mühe, sondern lassen ihren Ärger einfach am Gegenüber aus.

Und bei Wut sind es meist ganz bestimmte Wünsche, die nicht erfüllt wurden. Willst du noch mehr Belehrungen von mir darüber?", frage ich noch hinterher.

Valentino ist schon auf dem Weg nach draußen. „Jetzt reicht es mir erst einmal. Aber morgen frage ich dich noch einmal, was es genau mit der Wut auf sich hat", sagt er noch. Und damit ist er verschwunden.

Ich gehe ihm hinterher in den Garten und setze mich in meinen Lieblingssessel, der im Schatten unter dem Fliederstrauch steht. Ich will noch einmal über die vielen Situationen nachdenken, in denen ich wütend auf andere war. Es gibt eine Ähnlichkeit zwischen allen diesen Situationen. Es ging auch hier immer um Wünsche, aber ganz besondere Wünsche. Wünsche, in denen es um die Qualität der Beziehungen zwischen mir und anderen geht.

Ich weiß, ich werde wütend, wenn ich den Eindruck habe, mein Gegenüber nimmt mich überhaupt nicht wahr oder grenzt mich aus, missachtet mich oder geht respektlos mit mir um. Das tut mir weh.

Auch wenn ich den Eindruck habe, abgelehnt zu werden, keine Wirkung auf jemanden zu haben und keine Spuren bei ihm zu hinterlassen, schmerzt es und ich werde wütend. Die Wut hat diesen Schmerz immer sehr schnell verdrängt und ich spüre dann nur noch die Wut.

Wut ist für mich ein Zeichen dafür, dass ich schon wieder – wie schon so oft – nicht bekommen habe, was ich dringend wollte.

Ich lehne mich in meinem Gartensessel zurück und versuche, mich an verschiedene Situationen zu erinnern. Dabei sammle ich in meinem Inneren die zugehörigen Wünsche zusammen. Es sind nicht sehr viele, aber dafür sehr wichtige, sozusagen existenzielle Wünsche.

Ich will nicht nur wahrgenommen werden, ich will auch dazugehören, geachtet, respektiert, wertgeschätzt und gemocht werden. Ich will eine Bedeutung für andere Menschen und eine Wirkung auf sie haben und in manchen Fällen will ich auch, dass sie mich lieben und für mich da sind, wenn ich sie brauche.

Allein wenn ich daran denke, wie oft mir diese Art von Wünschen nicht erfüllt wurde, werde ich schon wieder wütend. Sehr wütend. Plötzlich kann ich diese Jugendlichen verstehen, die so aggressiv ausrasten, dass sie gewalttätig werden.

Wenn Valentino wieder zurückkommt und mehr über „Wut" wissen will, weiß ich inzwischen eine Menge mehr darüber als vorher.

Am Abend sitzen wir zusammen auf dem Sofa und ich erzähle ihm alles, was mir in der Zwischenzeit eingefallen ist.

Eines Abends, ein paar Tage später, liegt Valentino auf seinem Lieblingsplatz auf der Rückenlehne des Sofas – er liebt Plätze, die ihm einen Überblick über seine Umgebung ermöglichen – und meint, über Wut wisse er jetzt Bescheid, jetzt wolle er noch mehr über die anderen Gefühle wissen.

„Weißt du, irgendwie verstehe ich nicht ganz, wie das mit den menschlichen Gefühlen funktioniert. Für uns Katzen ist es ganz einfach, wir fühlen etwas und dadurch wissen wir sofort, was los ist und was wir brauchen oder was wir wollen. Und danach handeln wir meistens sehr schnell. Das ist für uns ziemlich einfach, nicht so kompliziert wie bei euch Menschen."

Ich erinnere mich daran, wie schnell Valentino fauchen, grollen, seine Krallen ausfahren und mit seiner Pfote zuhauen kann, wenn ihm etwas nicht passt. Mit mir allerdings geht er netter um, wenn ihm etwas nicht passt. Meistens tippt er mich mit seiner Pfote nur an und nur ganz selten hat er dabei eine einzige ausgefahrene Kralle benutzt. Das tut zwar ein bisschen weh, hinterlässt aber keine Kratzer. Und ist trotzdem sehr effektiv, denn es zeigt, dass Valentino den Ausdruck seines Missmutes noch steigern kann. Und er kann wunderbar schnurren und schmusen, wenn er zufrieden ist.

„Du bist anders, du bist ein Raubtier", sage ich zu ihm, „bei uns Menschen ist es wahrscheinlich deshalb so kompliziert, weil wir denken, unsere eigenen Gefühle würden von anderen in uns erzeugt und wir seien deshalb ihre Opfer."

„Wie in ‚Du machst mich ärgerlich', ‚Du machst mich so glücklich' oder ‚Du hast mich so verletzt' oder so etwas? Ich kann es kaum glauben, dass Menschen ernsthaft an so einen Unsinn glauben. Wieso geben Menschen anderen Menschen so viel vermeintliche Macht über sich?" Valentino kann es kaum fassen.

„Ich lege großen Wert darauf", sagt er sehr bestimmt, „dass meine Gefühle ausschließlich meine eigenen sind und nur in mir entstehen und dass niemand die Möglichkeit hat, in mir irgendwelche Gefühle zu erzeugen!"

„Ich weiß, darauf legst du großen Wert. Aber beruhige dich, niemand könnte das tun. Es ist mehr oder weniger nachgewiesen, dass es nicht möglich ist. Alle selbstorganisierenden Systeme sind nur offen für Energie und Materie, und das gilt deshalb sowohl für mich, als auch für dich und alle anderen Lebewesen", sage ich.

„Ich verstehe aber überhaupt nicht", sagt Valentino, „dass ein Mensch sich freiwillig zum Opfer für andere macht, und zwar dadurch, dass er denkt, die anderen könnten von außen in ihm seine Gefühle erzeugen. Wie kann man sich derart einem anderen ausliefern?"

„Ich wundere mich inzwischen selbst darüber, aber früher habe ich fest daran geglaubt, dass andere Menschen diese Macht über mich haben und mich verletzen, ärgern, unglücklich oder glücklich machen und mir das Gefühl geben könnten, geborgen und geliebt zu werden. Inzwischen weiß ich, dass das nicht möglich ist. Auch wenn die anderen es versuchen, hängt es doch von mir ab, ob ich z. B. glücklich sein kann."

Aber Valentino ist nach wie vor neugierig und will wissen, wieso Menschen dann trotzdem weiter daran glauben würden. Ich denke, es liegt wohl vor allem daran, dass wir nicht gelernt haben, unsere Gefühle als Informationen zu verstehen und als Orientierung für unser zukünftiges Handeln zu nutzen. Stattdessen verharren wir in gefühlsmäßigen Zuständen. Wir nutzen unsere Gefühle nicht, um herauszufinden, was wir wollen.

Das alles erzähle ich Valentino und füge dann noch hinzu: „Weißt du, wenn wir annehmen, dass es die anderen sind, die uns unsere Gefühle machen, dann kann man damit auch versuchen, die Verantwortung für sich, für die eigenen Gefühle, die eigenen Gedanken und die eigenen Handlungen an andere abzugeben. Viele Menschen finden das sehr praktisch, wenn sie selbst unschuldig und die anderen schuldig sind, und sie sind da auch sehr erfinderisch."

Während ich das sage, denke ich daran, wie viele Jahre ich selbst daran geglaubt habe, dass andere Menschen mich verunsichert, ärgerlich, wütend gemacht oder verletzt hätten.

Und ich habe mich damals auch so geäußert und es den anderen jeweils zum Vorwurf gemacht.

Leider kann ich die Vergangenheit nicht ändern, ich kann die anderen Menschen nur um Verzeihung dafür bitten, dass ich ihnen etwas vorgeworfen habe, was sie weder getan haben, noch hätten tun können. Zwar hatte ihr Verhalten schon etwas mit meinen Gefühlen zu tun. Aber das einzige, was ich ihnen hätte vorwerfen können, war, dass sie mir meine Wünsche nicht erfüllt haben. Damit hätte ich allerdings nicht akzeptiert, dass sie autonome Wesen sind, die ihre eigenen Entscheidungen treffen. Sie können selbstbestimmt entscheiden, welche Erwartungen und Wünsche von anderen sie erfüllen wollen und welche nicht.

Wenn ich die Autonomie anderer genau so respektiere wie meine eigene, dann akzeptiere ich gleichzeitig, dass sie nicht verpflichtet sind, mir meine Wünsche zu erfüllen. Ich bin ebenfalls nicht verpflichtet, die Wünsche anderer Menschen zu erfüllen. Es fühlt sich jedoch meistens sehr gut an, wenn man sich entscheidet, sich wechselseitig die Wünsche zu erfüllen.

Einiges von meinen Gedanken erzähle ich Valentino, aber ich habe den Eindruck, er ist auf der Sofalehne eingeschlafen.

Nur als ich das von der wechselseitigen Wunscherfüllung sage, ist er plötzlich hellwach und meint, das fände er gut. Er würde mir den Wunsch erfüllen, etwas Gutes für ihn zu tun zu dürfen, und ich könnte ihm jetzt gleich den Wunsch erfüllen, eine Büchse mit Lachsmousse für ihn aufzumachen.

„Das ist eine gute Idee, finde ich", sage ich zu ihm, „Du hast wirklich eine unnachahmliche Art, mir meine existenziellen Wünsche zu erfüllen. Du zeigst mir, dass ich eine Bedeutung für dich und eine Wirkung auf dich habe, du machst mir deutlich, dass wir aufeinander angewiesen sind, und du freust dich über das, was ich tue! Wunderbar!"

Und mit diesen Worten verlasse ich meinen Schreibtisch und gehe in die Küche, um die gewünschte Büchse Lachsmousse zu öffnen und den Inhalt in seine Schüssel zu tun.

„Hast du vielleicht noch einen Wunsch an mich, damit ich mich richtig wichtig für dich und dein Leben fühlen kann?"

Und da sagt er doch: „Naja, die Katzentoilette könnte mal wieder saubergemacht werden."

Im selben Moment merke ich, dass ich ärgerlich werde. Ich hatte gehofft, er würde sich wünschen, gestreichelt zu werden. Aber das kann er ja nicht wissen.

Also werde ich ihm dies sagen und ich bin neugierig, wie er darauf reagiert.

Er geht ganz anders mit meiner Information um, als ich dachte. Er sagt: „Das ist eine wunderbare Idee, ich habe es dir nur nicht gesagt, weil ich dachte, du willst lieber arbeiten. Aber für Notwendigkeiten, wie die Katzentoilette sauberzumachen, unterbrichst du meistens deine Arbeit."

Daraufhin versprechen wir uns, in Zukunft möglichst nicht zu versuchen, die Gedanken des anderen zu lesen, weil es sowieso nicht geht. „Uns gegenseitig zu sagen, was wir uns voneinander wünschen, ist das Wichtigste. Damit geht es mir auf jeden Fall am besten", sagt Valentino und ich nicke und stimme ihm zu.

„Wie gut, dass es die Spiegelneuronen gibt", sage ich zu ihm, „mit ihrer Hilfe geht es mir auch gut, wenn es dir gut geht."

Dann setze ich mich auch auf das Sofa, Valentino verlässt die Sofalehne und legt sich zum Streicheln auf meinen Schoß und fängt – möglicherweise voller Vorfreude – schon einmal an zu schnurren. Wenn ich das genau wissen will, sollte ich ihn fragen. Aber das ist mir im Moment nicht so wichtig. Ich muss nicht immer alles genau wissen, ich kann auch einfach mal genießen.

6. Gefühle II

Hilflosigkeit, Ekel, Trauer, Bitterkeit und Verzweiflung

Valentino kommt in die Küche und sieht mich fragend an: „Du sagst doch immer, dass alle Gefühle Informationen für uns enthalten, die wir entschlüsseln sollten, damit wir mit den Gefühlen adäquat umgehen können. Welche Informationen stecken denn in dem Gefühl von **Hilflosigkeit**, dazu habe ich überhaupt keine Idee?"

Ich erinnere mich an die vielen Situationen, in denen ich mich hilflos und voller Panik fühlte.

Manchmal hatte ich regelrechte Panikattacken. Hilflosigkeit bedeutete für mich, der Situation ausgeliefert zu sein und keinen Ausweg zu haben.

Bis ich eines Tages begriff, dass dieses Gefühl nicht schicksalshaft, sondern eine Information für mich war, die ich nur angemessen entschlüsseln musste. Von da an wusste ich es besser: Hilflosigkeit bedeutet erstens, dass alles, was man bisher versucht hat, gescheitert und ein Ausweg bei weiteren ähnlichen Versuchen nicht in Sicht ist. Zweitens, dass es wichtig ist, das zu akzeptieren. Drittens enthält das Gefühl von Hilflosigkeit die dringende Aufforderung, nunmehr kreativ zu werden und neue, innovative Wege zu suchen, um aus der hilflosen Situation herauszukommen.

Und wenn man keine neuen kreativen Möglichkeiten finden kann, gibt es noch die Möglichkeit, die Hilflosigkeit zumindest auf eine neue Weise zu akzeptieren.

Mir wurde auch bewusst, dass Hilflosigkeit ein außerordentlich wichtiges Gefühl ist. Es weist uns darauf hin, dass es sinnlos ist, mit den bisherigen Versuchen in gleicher Weise fortzufahren und damit das Scheitern endlos zu wiederholen. Stattdessen ist es notwendig, aus dem bisherigen Verhalten auszusteigen und nach neuen Möglichkeiten zu suchen. Ohne das Gefühl von Hilflosigkeit hätten Menschen viele lebensrettende Erfindungen nicht gemacht und die Menschheit wäre wahrscheinlich schon längst ausgestorben.

Wenn ich mich heute hilflos fühle, akzeptiere ich das Gefühl und frage mich auf der Stelle, welche Auswege ich finden könnte, an die ich bisher noch nicht gedacht habe. In gewisser Weise ist deshalb Hilflosigkeit – wie ich mir immer wieder bewusst mache – stets eine Aufforderung, kreativ zu werden. Und wenn man selbst keine Ideen hat, ist es wichtig, sich Hilfe, Unterstützung und Ideen bei anderen Menschen zu suchen. Sie sind anders und haben deshalb auch oft andere Ideen als man selbst.

Ich erzähle das alles Valentino und er findet es amüsant und sehr einleuchtend. „Weißt du, wir Katzen versuchen, genauso wie Menschen, nicht in Situationen zu geraten, in denen wir uns hilflos fühlen. Wenn wir in einer solchen Situation sind, fangen wir meistens sofort an zu drohen und – wenn das nichts nützt – zu kämpfen. Aber am liebsten vermeiden wir solche Situationen und flüchten, so schnell es geht."

Dann fügt er voller Stolz hinzu: „Übrigens, ich habe ganz allein herausgefunden, dass es auch bei Ekel sehr sinnvoll ist, das Weite zu suchen." Ich nicke zustimmend und fange leider schon wieder an, belehrend zu werden. „Stimmt, auch Ekel enthält die Aufforderung, sich so schnell wie möglich zu distanzieren, gleichgültig, worum es sich handelt. Das kann lebensrettend sein, wenn man sich nicht vergiften oder mit einer Krankheit anstecken oder nicht in moralisch-verwerfliche, kriminelle oder grausame Handlungen verwickelt werden will."

Aber Valentino nimmt meine Art zu reden hin, ohne mir einen Vorwurf zu machen oder mich zu fragen, ob ich ihn denn für dumm halten würde. Das tue ich natürlich nicht. Er kommt auch nicht auf diese Idee. Ich glaube, er findet sich in jeder Hinsicht ziemlich gut.

Er guckt mich an und sagt in einem sachlichen Ton: „Jetzt haben wir doch die verborgenen Informationen der meisten Gefühle zusammen, bis auf ‚Freude', und da ist die Information ja offensichtlich. Wir wissen dann, dass wir gerade alles haben, was wir wollen, und zufrieden und glücklich sind."

„Einige Gefühle fehlen noch", sage ich und denke an Gefühle von **Trauer**, **Bitterkeit** und **Verzweiflung**.

Das sind die Gefühle, unter denen sehr viele Menschen leiden. Meistens fühlen sie sich zusätzlich auch noch hilflos, weil sie nicht wissen, wie sie sich aus dem Griff dieser Gefühle wieder befreien können.

Und ich erinnere mich an die vielen Situationen, in denen ich selbst traurig oder verzweifelt war oder mich bitter gefühlt habe und diese Gefühle sind mir plötzlich sehr nah und wieder so schmerzhaft wie damals.

Deshalb sage ich: „Valentino, über die noch fehlenden Gefühle will ich ein anderes Mal mit dir reden, im Moment gibt es für mich zu viele Erinnerungen, die mit ihnen zusammenhängen. Ich möchte erst noch ein bisschen nachdenken und danach will ich gern mit dir darüber sprechen."

Valentino akzeptiert das, rollt sich zusammen und hat offensichtlich die Absicht, ein bisschen zu schlafen.

Ich setze mich bequem hin und denke über die noch fehlenden Gefühle nach.

Bitterkeit kann man oft bei Menschen an ihren herabgezogenen Mundwinkeln sehen. Es fühlt sich für sie auch von innen so an, als würden Gewichte an ihnen nach unten ziehen.

Wenn ich mich bitter gefühlt habe, war ich sowohl traurig als auch wütend.

Bitterkeit setzt sich also offensichtlich aus Trauer und Wut zusammen. Einerseits Trauer über die vielen verlorenen Chancen und die vielen vergeblichen Versuche, das zu erreichen, was einem wichtig war, und andererseits Wut über die vielen unerfüllten Wünsche während dieser vergeblichen Anstrengungen.

Erst als mir vor einiger Zeit bewusst wurde, dass man nur traurig sein kann, weil man etwas Bedeutsames verloren hat, wurde mir auch bewusst, dass es zumindest Bedeutsames in meinem Leben gegeben hat, und darüber war ich froh. Und ich merkte auch, dass ich die meisten meiner damaligen Versuche hätte gleich bleiben lassen können, sie konnten gar nicht gelingen. Es gibt eben Grenzen des Machbaren.

Man kann Menschen leider nicht überzeugen oder ändern, wenn sie das nicht selbst wollen. Man kann auch weder ihre Gefühle, noch ihre Gedanken, geschweige denn ihre Handlungen so beeinflussen, wie man es gerne hätte. Alle Versuche, so etwas gegen den Willen von anderen zu erreichen, sind vergeblich.

Lebewesen – und eben auch Menschen – sind autonome und bis auf Materie und Energie undurchlässige Gebilde. Sie sind genauso wenig kontrollierbar wie Wetter oder Vulkanausbrüche, weil sie – ebenso wie diese und viele andere Systeme – selbstorganisierend sind.

Diese Erkenntnis, nämlich dass mein Scheitern nicht mein persönliches Versagen war, weil es sowieso keine gezielte Einflussnahme gibt, hat mich sehr erleichtert.

Anschließend habe ich damals gedacht, dass ich auf dem Wege, mir dieses Modell über selbstorganisierende Systeme anzueignen, wahrscheinlich noch mehr lernen kann. Und ich merke immer wieder, wie dieses Modell mir mein Leben erleichtert und mir gut tut. Und anstatt weiter über unangenehme Gefühle und deren Informationen nachzudenken, entscheide ich mich, in die Stadt zu fahren, um ein paar Besorgungen zu machen.

Als ich vom Einkaufen zurückkomme, rufe ich schon von der Eingangstür in die Wohnung: „Valentino, wo bist du?"

Aber er antwortet nicht. Ich denke, irgendwann wird er ja kommen, spätestens wenn er Hunger hat oder auf seine Toilette muss. Leider mache ich mir immer sehr schnell Sorgen um ihn.

Dabei erinnere ich mich an eine Situation, in der ich wirklich verzweifelt war. Es war vor zwei Jahren. Valentino saß, als ich nachhause kam, zusammengekauert und völlig apathisch auf dem Teppich im Wohnzimmer. Ich bekam auf der Stelle Angst und rief die Tierärztin an und sie meinte, ich solle sofort kommen. Nach eingehender Befragung und Untersuchung vermutete sie, er hätte sich vielleicht am Blumenwasser der Amaryllis vergiftet, von denen mehrere in einer Vase auf dem Wohnzimmertisch standen. Diese seien sehr giftig und er könnte, wenn er von dem Wasser getrunken hätte, an dem Gift sterben.

Drei Tage lang hing er immer wieder am Tropf, dann endlich war es klar: Valentino würde überleben.

Ich hatte die ganze Zeit große Angst, schwankte zwischen Hoffnung und Verzweiflung, je nachdem, in welchen Zukunftsphantasien ich mich gerade aufhielt. Aber seitdem weiß ich auch, dass Verzweiflung sich aus den Gefühlen Trauer, Wut und Hilflosigkeit und der damit zusammenhängenden Angst zusammensetzt. Ich bin heute noch froh, wenn ich daran denke, dass Valentino die Vergiftung überlebt hat.

Plötzlich streicht er um meine Beine, ich habe gar nicht gemerkt, dass er schon nachhause gekommen ist. Ich bin immer froh, wenn er lebendig wieder da ist.

Als Valentino am Abend auf dem Sofa sitzen bleibt, statt sich in der Abenddämmerung auf Abenteuersuche zu begeben, weil es draußen in Strömen regnet, erzähle ich ihm von meinen Gedanken und wir sind beide anschließend sehr nachdenklich.

Offensichtlich ist Valentino immer noch mit seinen Fragen und Kommentaren zu Gefühlen beschäftigt.

Eines Morgens, als ich gerade anfangen will zu frühstücken, springt

Valentino auf den Tisch und fängt gleich an zu reden: „Du hast doch gesagt, dass es wichtig sei, die verborgenen Informationen in den Gefühlen herauszufinden. Nimm doch einmal an, ich sei verzweifelt. Ich weiß, die Trauer sagt mir, ich hätte etwas verloren, die Wut informiert mich darüber, dass ich mindestens einen wichtigen Wunsch habe, der mir schon öfter abgeschlagen worden ist. Die Hilflosigkeit weist mich darauf hin, dass alles, was ich bisher versucht habe, sinnlos ist, und die Angst, die ich spüre, zeigt mir, dass ich befürchte, keinen Ausweg zu finden und in der Situation stecken zu bleiben. Dann habe ich alle Informationen zusammen und was mache ich dann?"

„Du hast recht, Valentino, dann wird es sehr schwierig, weil jede Situation und jede Person anders ist. Es gibt überhaupt keine hilfreichen Regeln, außer sehr abstrakten, wie z. B. ‚Akzeptieren und Re-definieren'. Deshalb kommt man um das Nachdenken nicht herum. Aber ein Ziel könnte man immer für sich selbst festlegen, z. B. ‚Ich will, dass es mir gut geht'."

„Ich finde das wenig hilfreich", sagt Valentino. Ich versuche, konkrete Beispiele zu finden. „Weißt du", sage ich, „wenn ich z. B. traurig bin, weil ich ein für mich wichtiges Buch verliehen habe und nicht mehr weiß, an wen, oder traurig bin, weil eine Freundin sich intrigant verhalten hat, oder weil ich schon wieder nicht im Lotto gewonnen habe, werde ich jedes Mal etwas anderes brauchen, damit sich mein Zustand wieder verbessert. Wichtig dabei ist doch nur, dass ich mich nicht mehr als ein Opfer meines Gefühls empfinde, nur weil mich mein Gefühl im Griff hat.

Oder anders gesagt: Wichtig ist, dass nicht das Gefühl mich kontrolliert, sondern dass ich etwas Sinnvolles mit meinem Gefühl anfange. Dann bin ich nicht mehr das Opfer meines Gefühls."

„Aber Angst ist doch ein Gefühl, welches dich sehr leicht im Griff hat. Bei Angst ist es sehr schwer, sich nicht vollständig besetzen zu lassen", sagt Valentino. „Ja", sage ich, „das weiß ich aus eigener Erfahrung. Es ist ganz furchtbar, trotzdem ist man diesem Gefühl nicht in jedem Falle ausgeliefert. Es gibt so ein paar Strategien …"

„Da möchte ich aber mehr von hören", sagt Valentino und setzt sich erwartungsvoll in den Sessel, von dem aus er mich gut sehen kann.

Ich überlege, wie ich anfangen könnte. Ich denke, es gibt verschiedene Situationen, in denen man Angst spürt. „Eigentlich soll uns Angst nur zu Vorsicht ermahnen", sage ich schließlich, „aber über alles andere will ich noch nachdenken."

7. Denken

„Sag mal, wenn du sagst, ‚Darüber will ich noch einmal nachdenken‘, was machst du dann eigentlich?“, will Valentino wissen. Ich zögere: „Ich glaube, ‚denken‘ läuft überwiegend unbewusst ab, deswegen weiß ich das nicht so genau. Vielleicht ist es das Gehirn und alles, was dazu gehört, also auch der ganze Körper, das denkt, und uns wird nur das Ergebnis bewusst.“ Valentino bleibt hartnäckig. „Aber wenn das Ergebnis da ist, dann kannst du doch erkennen, wie du gedacht hast, oder?“

Ich merke, eine einfache Antwort auf seine Frage finde ich nicht. Aber in manchen einfachen Fällen – wenn ich nur kleine Abschnitte des Denkprozesses im Nachhinein beobachte und analysiere – kann ich nachvollziehen, wie das Ergebnis zustande gekommen sein könnte. Und während ich mir einzelne Situationen wieder ins Gedächtnis rufe, in denen Menschen ganz anders „gedacht“ haben, als ich das in derselben Situation getan hätte, fallen mir verschiedene „Denkarten“ auf.

Induktives und deduktives Denken

So ist einer meiner Bekannten immer bereit, eine schlechte Erfahrung sofort zu verallgemeinern. Zum Beispiel sagte er einmal in Bezug auf ein Restaurant: „Da habe ich einmal ganz lange auf mein Essen gewartet, da gehe ich nicht wieder hin.“ Und als ein Bekannter zu einer Einladung zum Essen zu spät kam, meinte er, den würde er wegen seines unhöflichen Verhaltens nicht mehr einladen. Es gab viele solcher Beispiele, in denen er – vor allem bei für ihn unangenehmen Erfahrungen – sehr schnell bereit war, durch solche Verallgemeinerungen eine Wiederholung möglichst zu vermeiden.

Eine sehr kluge Verhaltensweise, wenn sie nicht einen Nachteil hätte: Die eigene Welt kann durch diese Art des Denkens – das induktive Denken – sehr schnell immer kleiner werden. Wenn man die Wiederholung unangenehmer Erfahrungen durch entsprechende „Nie-wieder-Entscheidungen“ vermeiden will, sinkt die Anzahl der verbleibenden Möglichkeiten. Wenn man diese Art des Denkens sehr häufig verwendet, ist es wichtig, immer auch für eine Erweiterung der Möglichkeiten zu sorgen.

Ich glaube allerdings, dass das induktive Denken sehr wichtig für unser Überleben ist. Gerade Kinder müssen so früh wie möglich lernen, die Strukturen unangenehmer, schmerzhafter Erlebnisse oder gefährlicher Situationen zu erkennen und zu verallgemeinern, so dass sie diese oder ähnliche Erfahrungen in Zukunft vermeiden können. Auch Tiere müssen über diese Fähigkeit verfügen, um ihr Überleben zu sichern und um nicht wieder und wieder in eventuell lebensgefährliche Situationen zu geraten.

Ich erzähle Valentino, was ich über induktives Denken – vom Einzelfall auf den allgemeinen Fall zu schließen – weiß und auch, wie wichtig ich dieses Denken finde. „Komisch" sagt Valentino, „ich glaube, ich denke ganz oft genau umgekehrt. Ich weiß etwas ganz allgemeines über Mäuse oder Vögel oder meine anderen Beutetiere. Ich weiß, was sie gerne fressen, wo sie sich gern verstecken und so weiter, und dann sehe ich mich um, ob ich etwas Passendes irgendwo im Garten oder der näheren Umgebung entdecke."

„Das nennt man **deduktives Denken, das ‚Schließen vom Allgemeinen auf den Einzelfall'**. Dieses Denken ist das Gegenteil vom induktiven Denken und wird auch sehr gern verwendet", sage ich mit einem etwas belehrenden Ton und füge gleich hinzu: „Bitte entschuldige, ich wollte nicht so oberlehrerhaft mit dir reden. Ich will nur folgendes deutlich machen: In gewisser Weise ergänzen sich das deduktive und das induktive Denken und beide sind von großer Bedeutung, solange nicht die eine oder andere Art übertrieben wird."

Dabei denke ich daran, welche besondere Bedeutung das induktive Denken in den Methoden der Naturwissenschaften und welche große Rolle das deduktive Denken in den verschiedenen Weltreligionen und vor allem bei der Entwicklung und in Bezug auf die Beständigkeit und Unveränderlichkeit von Vorurteilen spielt.

Ich erzähle Valentino davon und als ich anfange, von Vorurteilen zu sprechen, fängt er an, sich richtig aufzuregen. „Wir Katzen waren auch ganz oft Opfer von Vorurteilen. Denke nur mal an das, was alles über schwarze Katzen gesagt worden ist. Ihr Menschen produziert ständig Vorurteile, nicht nur über Tiere, sondern vor allem auch über andere Menschen aus anderen Ländern oder aus anderen Kulturen. Ich finde das beschämend. Menschen haben doch angeblich eine Intelligenz, die besser ist sein soll als alles, was Tiere zu bieten haben. Nur davon merke ich nicht viel, wenn ich die Entscheidungen der Politiker und die Berichterstattungen in den Medien betrachte. Das meiste davon ist einfach nur dumm!" Valentino peitscht mit seinem Schwanz hin und her, so aufgebracht ist er.

„Ich sehe das ähnlich wie du", sage ich zu ihm, „und ich bin sehr froh, dass es doch immer wieder Menschen gibt, die sich bemühen, Vorurteile wieder zu reduzieren und die sich für vernünftige Entscheidungen einsetzen. Aber leider gewinnen zurzeit sehr häufig eher die anderen. Wir leben immer noch im Zeitalter eines ziemlich unreflektierten Kapitalismus und da geht es meist nur um schnelles Geld und um Macht, alles andere ist untergeordnet."

„Ich sage es ja, Menschen sind so unbelehrbar. Dumm, einfach dumm!" Valentino bleibt empört. Und mit diesen Worten zieht sich Valentino zurück. Er schläft jeden Mittag an einem anderen Ort, irgendwo. Ich merke es nur daran, dass er nach seinem Mittagsschlaf aus sehr verschiedenen Ecken der Wohnung wieder auftaucht.

Analysieren – Synthetisieren

„Ich will trotzdem noch mehr über Denkmethoden wissen, über die anderen Denkmethoden", sagt Valentino, als er sich nach seinem Mittagsschlaf wieder bei mir sehen lässt. „Denkst du da an bestimmte Denkmethoden?", frage ich. „Du redest immer so viel von ‚analysieren'", sagt er, „was genau ist denn damit gemeint?" „Das ist eigentlich ganz einfach", sage ich, „mit ‚analysieren' meint man eigentlich nur ‚zerlegen' und das Gegenteil davon ist ‚zusammensetzen' oder ‚synthetisieren'. Beides tun wir beim Denken wahrscheinlich ununterbrochen und abwechselnd. Die beiden Methoden waren aber in unserer Kultur nicht in gleicher Weise bedeutsam, dem Analysieren wurde über einen längeren Zeitraum – vor allem in den Schulen und Universitäten – meistens eine größere Bedeutung zugewiesen. Das ändert sich allerdings in letzter Zeit. Aber auf jeden Fall kann man während eines Denkprozesses die beiden Denkarten nicht voneinander trennen. Trotzdem gibt es Menschen, die ständig alles zerlegen und die große Schwierigkeiten haben, Dinge wieder zusammenzufassen oder zusammenzusetzen. Auch bei diesen beiden Arten des Denkens geht es um die Balance, genauso wie bei induktiven und deduktiven und dem konvergenten und dem divergenten Denken."

Konvergentes und divergentes Denken

„Was sind denn nun das für Denkmethoden?", fragt Valentino, „davon habe ich noch nie etwas gehört." Es ist für mich ziemlich deutlich, dass er mehr darüber wissen will, aber vorsichtshalber – schließlich kann ich es nicht wissen, weil es ja nur meine Phantasie ist – frage ich nach. Er sagt: „Ich habe dir doch gesagt, ich will alles, was du für wichtig hältst, über die verschiedenen Möglichkeiten des Denkens wissen."

Valentino wirkt ungeduldig. „Du weißt aber schon", sage ich, „dass man, selbst wenn man die verschiedenen Arten des Denkens und ihre Unterschiede kennt, noch lange nicht auch so denken kann. Es ist allerdings hilfreich, diese zu kennen, wenn man die einzelnen Arten des Denkens üben will."

„Vielleicht habe ich ja Lust, ein bisschen zu üben", Valentino schnurrt geradezu, während er das sagt, und ich fange an, ihm den Unterschied zwischen dem konvergenten und dem divergenten Denken zu beschreiben. Er hört mir interessiert zu und dann fasst er das, was er verstanden hat, mit seinen eigenen Worten zusammen: „Also, wenn ich dich richtig verstanden habe, lernen Kinder in der Schule vorwiegend das konvergente Denken, also das Denken, in dem es darum geht, eine richtige Lösung zu finden. Und für diese eine als richtig bezeichnete Lösung werden sie dann mit guten Noten belohnt, denn es gibt angeblich nur diese eine richtige Lösung und die anderen sind dementsprechend falsch." Nach einer kurzen Pause fügt er noch hinzu: „Und ich habe einen ganz bösen Verdacht, warum man Kindern in der Schule mithilfe des konvergenten Denkens gleichzeitig das Denken in ‚richtig' und ‚falsch' beibringt." „Was meinst du denn damit?", frage ich nach, aber ich glaube zu wissen, was Valentino meint.

„Naja", meint Valentino, „wenn man die Aussagen über die Welt in ‚richtig' und ‚falsch' einteilt, dann kann man gleich so weitermachen und noch mehr einteilen: In ‚gut' und ‚böse', in ‚schuldig' und ‚unschuldig', in ‚besser' und ‚schlechter'. Dann können sich die einen auf Kosten der anderen gut fühlen. Finde ich überhaupt nicht gut."

Ich nicke und sage: „Ich kann dir nur zustimmen. Auf diesem zweiwertigen Denken in ‚entweder – oder' kann man ganze Herrschaftssysteme in allen möglichen Bereichen errichten und aufrechterhalten. Und Kinder kann man schon in der Schule daran gewöhnen, dass die einen recht haben und alle anderen, die andere Ergebnisse, Ansichten oder Meinungen haben, im Unrecht sind."

Valentino ist empört: „Das ist nicht nur gemein, sondern auch noch dumm dazu. Man kann doch nicht nur in ‚entweder – oder' denken. Ich meine, das ist ja oft sehr nützlich – entweder habe ich die Maus gefangen oder nicht – aber ich könnte doch auch einmal sowohl eine Maus als auch eine Grille gefangen haben. Es gibt doch ganz viele Prozesse, wo ich ‚sowohl – als auch' sagen müsste, um sie angemessen zu beschreiben." Dann fügt er noch hinzu: „Auch deswegen finde ich das divergente Denken, mit dessen Hilfe man nach möglichst vielen Lösungen sucht, viel interessanter."

Es ist schon erstaunlich, wie oft ich mit Valentino derselben Ansicht bin: „ Ja, ich auch. Das divergente Denken ist außerdem sehr anregend für kreative Ideen. Deswegen ist es meiner Meinung nach auch so wichtig für Kinder. Man sollte ihnen viel öfter die Gelegenheit geben, divergentes Denken schon in der Schule zu üben."

„Werden denn Denkmethoden überhaupt in der Schule gelehrt?", will Valentino wissen. „Wahrscheinlich nicht", sage ich, „deshalb und auch noch aus anderen Gründen finde ich es sehr wichtig, dass Menschen mehr darüber lernen. Wir sollten wissen, welche Denkmethoden wir selbst bevorzugen und auf wie viele verschiedene Arten andere Menschen denken können. Ich glaube, dann gäbe es viel weniger Streit und stattdessen mehr Verständnis dafür, wie verschieden wir alle sind und wie viel wir deshalb voneinander lernen können."

In den nächsten Tagen ist Valentino offensichtlich mit anderen Dingen beschäftigt, er kommt immer nur ganz kurz vorbei, vergewissert sich, wo ich bin, und verschwindet dann wieder. Ich finde es rührend, dass er mehrmals am Tag wissen will, wo ich mich befinde und was ich gerade mache. Er braucht das möglicherweise, um sich sicher zu fühlen. Aber das ist selbstverständlich nur meine Phantasie, vielleicht hat er ganz andere Gründe.

Zwischendurch bekomme ich mit, dass er sich um eine neu in unsere Wohngegend zugezogene Katze bemüht. Eine dreifarbige Glückskatze, die – als sie kurz bei uns im Garten war – auf mich einen sehr sympathischen Eindruck machte. Aber nach ein paar Tagen ist wohl die größte Leidenschaft vorüber und Valentino verbringt doch wieder einen Abend zuhause, um mehr über Denkmethoden zu erfahren.

Denken in Analogien

„Was interessiert dich eigentlich so an Denkmethoden?", frage ich Valentino. „Komisch", sagt er, „das weiß ich auch nicht so genau. Ich glaube, ich will etwas darüber wissen, wie ich selber denke, und dazu muss ich doch alle Möglichkeiten kennen. Dann kann ich vielleicht die eine oder andere Methode wiedererkennen und damit herausfinden, welche ich bevorzuge oder welche ich noch gerne lernen möchte." „Ich könnte mir vorstellen, dass du das Denken in Analogien interessant findest. Damit kann man auf neue Gedanken kommen und unter anderem die eigenen Gedanken mit Bildern ausstatten." „Ach, du meinst", sagt Valentino, „wenn man z. B. einen Ameisenstaat mit der menschlichen Gesellschaft oder so vergleicht, überhaupt, wenn man verschiedene Dinge, Prozesse oder Ereignisse miteinander verbindet, etwa ‚sieht aus wie…‘, ‚wirkt wie...‘, ‚verhält sich wie…‘ usw. Ich habe was darüber gelesen. Schriftsteller verwenden das oft: ‚Sie sah ihn an wie ein verwundetes Tier‘, oder ‚Der Garten roch wie ein ganzes Meer von Rosen‘. Oder so ähnlich.

Nein, das Denken in Analogien finde ich persönlich nicht interessant. Mit dieser Vermutung hast du sicher dein eigenes Interesse auf mich übertragen."

Ich bin amüsiert und stimme ihm zu: „Ich finde tatsächlich das Denken in Analogien ganz anregend und bin dadurch schon auf einige für mich neuartige Ideen gekommen." „Wie schön für dich", sagt Valentino, „aber mich fasziniert es nun nicht gerade."

Irgendwie fühle ich mich ein bisschen enttäuscht. Dabei komme ich mir selber auf die Schliche. Ich habe offensichtlich eine Vorliebe für das mir Ähnliche oder noch besser mir Gleiche. Ich merke, ich habe symbiotische Tendenzen und das beeinflusst ganz sicher mein eigenes Denken ganz erheblich. Ich weiß nur nicht genau, wie.

Valentino – der so anders ist als ich – wird mir sicher dabei helfen können, es herauszufinden. Allein dadurch, dass er – als Kater – so verschieden ist, hilft er mir immer wieder, das Andersartige faszinierend zu finden, auch wenn mir das Ähnliche vertrauter ist und deshalb auch weniger Angst macht. Aber warum bei Andersartigem überhaupt Angst mit im Spiel ist, verstehe ich eigentlich nicht genau. Darüber will ich noch einmal gesondert nachdenken.

Valentino unterbricht meine Gedanken: „Was gibt es denn noch für Arten des Denkens?", will er wissen. Ich fange an, ihm noch einige aufzuzählen: „Es gibt z. B. **ergebnisorientiertes Denken, prozessorientiertes Denken, beziehungsorientiertes Denken, stetiges Denken, sprunghaftes Denken, strukturierendes Denken, systematisierendes Denken, relativierendes Denken, dialektisches Denken** und noch mehr." „Halt", sagt Valentino, „das wird mir jetzt zu viel. Aber ein anderes Mal möchte ich mehr erfahren, sowohl etwas über ergebnisorientiertes als auch über prozessorientiertes Denken. Die scheinen mir beide ganz interessant zu sein und ich glaube, ich weiß auch schon, warum." Damit beenden wir fürs erste unsere Gespräche über verschiedene Denkmethoden. Ich denke, es wird sich sicher wieder eine Gelegenheit ergeben, bei der Valentino noch etwas mehr über Denkmethoden erfahren will. Ansonsten kann er ja noch einiges in meinen Büchern nachlesen. Er bevorzugt allerdings die E-Books, da kann er selbstständig mit seiner Pfote von einer Seite zur nächsten Seite wischen.

8. Wünsche I

Valentino setzt sich immer neben mich, wenn ich frühstücke. Er weiß, dass er dann auch etwas bekommt. Ich gebe ihm morgens immer seine Medizin, versteckt in kleinen Stücken von den Katzenwürstchen, die er so gerne frisst. Wenn ich die Tabletten pulverisiere und unter sein Futter mische, frisst er es nicht. Deswegen breche ich sie in kleine Stücke und verstecke diese in den Katzenwürstchen. Das weiß er zwar, aber der Geschmack der Würstchen überdeckt den Geschmack der Medizin. Nachdem er das Katzenwürstchen ganz und gar aufgefressen hat, fragt er: „Meinst du das eigentlich im Ernst, dass es nur die Wünsche und die Wunscherfüllungen sind, die uns alle miteinander verbinden? Meiner Ansicht gibt es doch so viel mehr. Wieso denkst du, es dreht sich alles nur um Wünsche?"

Ich weiß auch nicht mehr genau, warum ich das behauptet habe. Ich glaube, ich bin darauf gekommen, weil mir aufgefallen ist, dass es bei allen Konflikten zwischen Menschen immer um unerfüllte Wünsche geht. Dann fällt mir noch ein weiterer Grund ein. Ich habe einfach beobachtet, dass Lebewesen intentional sind und diese Beobachtung verallgemeinert.

Alle Lebewesen wollen meistens irgendetwas, sie wollen etwas zum Essen, zum Trinken, einen sicheren Ort zum Schlafen und zum Leben, sie wollen Anregungen durch ihre Umwelt – Tierpfleger in den Zoos geben sich da meist große Mühe – und sie wollen Partner zur Unterhaltung und für die Fortpflanzung. Sie wollen angenehme Wechselwirkungen mit ihrer Umwelt und deshalb oft auch stabile Beziehungen, um nicht immer wieder neu auf der Suche danach zu sein. Nachdem ich Valentino das alles gesagt habe, meint er, das würde ihm einleuchten.

Dann sagt er: „Ich werde jetzt ein bisschen schlafen und dabei darüber nachdenken, ob ich nicht doch etwas finde, was ich anderen gegenüber ausdrücke und wobei kein Wunsch beteiligt ist. Ich bin echt gespannt, ob ich etwas finde." Und als ich nachfrage, wieso er beim Schlafen darüber nachdenken wolle, ob er denn meine, dass das ginge, sagt er: „Komisch, dass ausgerechnet du das fragst. Du hast mir doch erzählt, dass das Denken mehr oder weniger von unserer Selbstorganisation übernommen wird und wir – mit einer kleinen Zeitverzögerung – nur glauben, wir wären es gewesen. Deswegen arbeitet meine Selbstorganisation auch, wenn ich schlafe, wahrscheinlich sogar besser als im Wachzustand, beim Schlafen gibt es nämlich weniger Ablenkung."

Ich fange an zu lachen und stimme ihm zu. „Ich werde auch darüber nachdenken, ob mir Gegenbeispiele einfallen. Irgendwelche zwischenmenschlichen Situationen, die nicht auf Wünsche und Wunscherfüllungen zurückzuführen sind. Und ich bin gespannt, ob meine Selbstorganisation solche Beispiele findet. Bei meinem bewussten Nachforschen ist mir nämlich noch nichts dazu eingefallen."

In diesem Sinne verschieben wir die weitere Klärung dieser Frage auf später.

Ich gehe in den Garten und setze mich unter den blühenden Fliederstrauch. Er hat sehr viele dunkelviolette Blütentrauben und sie duften unbeschreiblich gut. Während ich über die offenen Fragen nachdenke, taucht zunächst die Frage in mir auf, wieso wir Menschen doch immer wieder Schwierigkeiten haben, uns bewusst zu machen, was wir eigentlich wollen. Und da fällt mir wieder ein, wie ich erzogen wurde und wie wir immer noch unsere Kinder erziehen. Erwachsene versuchen auf vielfältige Weise, Kinder in ihrem eigenständigen intentionalen Verhalten zu stoppen oder es ihnen sogar abzugewöhnen. „Fass das nicht an", „Steck das nicht in den Mund", „Geh da nicht hin", „Hör auf zu schreien", „Tu, was dir gesagt wird", „Sitz still". Diese Botschaften werden zwar subtiler, wenn die Kinder älter werden, hören aber nicht auf. Irgendwann machen das auch Erwachsene untereinander. „Das ist doch viel zu gefährlich", „Dafür solltest du nicht so viel Geld ausgeben", „So etwas kannst du wirklich nicht mehr anziehen" usw.

Sie geben sich gegenseitig gute Ratschläge und versuchen dabei, sich in der Verfolgung ihrer Intentionen zu behindern. Und leider geht das auf Kosten der Neugier, der Abenteuerlust und vor allem auch der eigenen Wünsche. Mit unseren Wünschen aber beziehen wir uns auf unsere Mitmenschen und greifen aus in die Welt.

Aber es gibt noch mehr Gründe, die eigenen Wünsche nicht auszusprechen. Wir beziehen eine Ablehnung unserer Wünsche häufig auf uns selbst und benutzen die Ablehnung dann oft dazu, uns selbst – oder auch die anderen – zu entwerten.

Wir verstehen leider die Ablehnung von unseren Wünschen nicht als einen Ausdruck des autonomen Wollens unseres jeweiligen Gegenübers, sondern als mangelnde Wertschätzung unserer Person und haben deshalb Angst vor dieser Erfahrung. Wir bleiben lieber stumm, als das Risiko einzugehen, uns – irrtümlicherweise – zusammen mit unserem Wunsch persönlich abgelehnt zu fühlen.

Dabei hat die Entscheidung, die Erfüllung eines Wunsches abzulehnen, nichts mit uns zu tun. Es bleibt eine Entscheidung der anderen Person. Diese entscheidet selbstbestimmt beziehungsweise autonom und verfolgt dabei nur ihre eigenen Intentionen.

Ich denke kurz daran, wie furchtbar es wäre, wenn wir die Verpflichtung hätten, Wünsche von anderen zu erfüllen, und ich sage zu mir: „Ich bin nicht in diese Welt hinein geboren worden, nur um die Wünsche von anderen zu erfüllen." Irgendwie erleichtert mich dieser Satz, den ich irgendwann einmal gehört habe.

Auch wenn das bedeutet, dass die anderen Menschen ebenfalls nicht auf dieser Welt sind, um meine Wünsche zu erfüllen.

Deswegen darf ich aber Wünsche an andere haben und es ist sehr sinnvoll, sie auch auszusprechen, denn es gibt nur die Antworten „Ja", „Nein" und „Ich weiß nicht" bzw. andere Ausreden, nachdem ein Wunsch ausgesprochen wurde.

Damit sind die statistischen Chancen für Wunscherfüllungen sehr gut, vorausgesetzt, der Wunsch wird jeweils so formuliert, dass das Gegenüber eine Chance hat, den Wunsch zu verstehen.

Nur kann der Verdrängungsprozess in Bezug auf die eigenen Wünsche so weit gehen, dass die betroffenen Menschen gar nicht mehr wissen, was sie selbst wollen. Während ihrer Kindheit waren die Wünsche und Erwartungen der Erwachsenen immer wichtiger als ihre eigenen und es war leichter, die eigenen nicht mehr zu spüren. Auf diese Weise konnten die Kinder Konflikte vermeiden, die sonst wegen ihrer eigenen Wünsche hätten entstehen können. Die Hauptsache für sie wurde, dass die Erwachsenen zufrieden waren, alles andere wurde immer unwichtiger.

Keine eigenen Wünsche zu haben, war in diesem Zusammenhang sehr hilfreich. Das weiß ich aus eigener Erfahrung. Ich habe bis heute immer wieder Schwierigkeiten, herauszufinden, was ich will.

Nun kann aber kein Lebewesen die eigenen Wünsche langfristig erfolgreich unterdrücken. Wir Menschen werden bei zu vielen unerfüllten Wünschen zunächst sehr unzufrieden und dann bitter und schließlich auch aggressiv. Manche Menschen vermeiden es, auch nur irgendeinen ihrer Wünsche zu äußern. Sie wünschen sich, ohne es zu sagen, dass andere ihre Wünsche erraten und dann unaufgefordert erfüllen. Nur leider kann kein Mensch Gedanken lesen und deswegen gibt es meistens für diese Menschen keine ausreichende Anzahl an Wunscherfüllungen, um sich zufrieden zu fühlen. Es ist daher sehr wichtig, sich die Bewusstheit in Bezug auf die eigenen Intentionen wieder anzueignen.

Es könnte allerdings sein, dass in den verbalen Äußerungen mancher Personen Wünsche nur sehr verschleiert auftauchen, denke ich und in diesem Moment kommt Valentino von irgendeinem geheimen Schlafplatz langsam auf mich zugeschritten.

„Valentino, du kommst gerade zur rechten Zeit. Ich möchte mit dir eine Unterhaltung führen, in der du nichts von mir willst und ich nichts von Dir." „Wie soll das denn gehen?", fragt Valentino und ich sage, dass wir es einfach ausprobieren sollten. Dann könnten wir ja sehen, was dabei herauskommt.

Ich fange an: „Du hast wieder den ganzen Vormittag verschlafen."

Aber Valentino meint, der Satz würde einen Wunsch nach Zustimmung enthalten, vielleicht aber auch den Wunsch, er hätte wachbleiben sollen. Auf jeden Fall einen Wunsch. Ich solle mir einen neuen Satz ausdenken.

Ich sage: „Ich will nichts von dir."

Aber diesen Satz findet Valentino auch nicht passend. „Du willst, dass ich dich höre", sagt er.

Wir probieren noch einige andere Sätze aus, aber Valentino findet bei allen einen verborgenen oder einen deutlich erkennbaren Wunsch. Schließlich stellen wir beide fest: Wenn zwei miteinander reden, wollen sie immer etwas.

„Ich glaube, nur in einem Zustand völliger Zufriedenheit sind wir wunschfrei – vielleicht bis auf den Wunsch, der Zustand möge andauern", sagt Valentino und ich stimme ihm zu.

9. Wünsche II

Am nächsten Tag kommt Valentino noch einmal auf das Thema „Wünsche" zurück. Irgendwie beschäftigt es ihn und er will offensichtlich noch etwas klären. Er sieht mich mit seinen goldgelben Augen ernst an und sagt: „Du behauptest, dass sich alles auf Wünsche und Wunscherfüllungen zurückführen lässt. Aber es gibt doch eine solche Unmenge an Wünschen, dass man sich nicht mehr leicht zurechtfindet, was man denn wirklich will. Irgendwie muss ich doch die wichtigen von den unwichtigen unterscheiden, sonst weiß ich gar nicht, für welche Wunscherfüllung ich mich einsetzen will."

„Valentino, das meiste davon erledigt sowieso deine Selbstorganisation. Du kannst mithilfe deiner Gefühle meist spüren, was du in der Situation, in der du dich gerade befindest, nicht willst oder was du dir wünschst. Das kann sich übrigens auch sehr schnell ändern. Denn wenn sich die Situation ändert und neue Anforderungen neue Anpassungen von dir erfordern, werden wieder neue Wünsche in dir entstehen."

„Aber es wird doch Unterschiede zwischen den verschiedenen Wünschen geben, oder?" Valentino möchte immer gerne Ordnung herstellen und ich habe eine ähnliche Vorliebe.

„Weißt du, da sind zunächst einmal all die materiellen Bedürfnisse, deren Erfüllung für das biologische Überleben notwendig ist. Und schon bei Essen und Trinken gibt es eine große Bandbreite. Manche Menschen glauben tatsächlich, sie könnten ohne Kaviar und Champagner nicht überleben. So was meine ich natürlich nicht.

Dann gibt es die sogenannten existenziellen Bedürfnisse, deren Erfüllung unerlässlich für die persönliche Zufriedenheit ist und deren wechselseitige Befriedigung gleichzeitig für eine hohe Qualität der zwischenmenschlichen Beziehungen steht."

Valentino will noch einmal wissen, welche Wünsche das sind, und ich zähle sie ihm auf: „Du willst z. B. wahrgenommen werden, dazugehören, eine Bedeutung für und eine Wirkung auf andere haben, du willst Spuren bei anderen hinterlassen, geachtet und respektiert, wertgeschätzt und geliebt werden."

„Ja, stimmt", sagt Valentino, „das will ich alles. Es tut mir weh, wenn du mich nicht zur Kenntnis nimmst oder ich den Eindruck habe, ich würde dir nichts bedeuten."

„Mir geht es genauso, sage ich, „und ich hoffe, ich habe dir diese existenziellen Wünsche meistens erfüllt. Jedenfalls gebe ich mir Mühe, das zu tun."

Valentino streicht mit seinem Kopf an meinem Bein entlang und schnurrt. Und ich streichele ihm über sein weiches, graues Fell.

Anschließend erkläre ich weiter: „Und dann gibt es noch die beiden wichtigsten Wünsche, den Wunsch zu überleben und den Wunsch, selbstbestimmt oder autonom leben zu können. Natürlich ist jedes selbstorganisierende System autonom, nur beeinflussbar durch Energie und Materie, aber nicht durch Informationen oder andere verbale Botschaften, denn die werden im eigenen Inneren hergestellt und gehören damit zur eigenen Wirklichkeit. Aber weil wir so viele Wünsche an andere haben, sind wir manchmal um der Wunscherfüllungen willen bereit, von dieser Autonomie keinen Gebrauch zu machen, sondern die Erwartungen von anderen zu erfüllen, obwohl wir dies in unserem tiefsten Inneren nicht wirklich wollen."

„Das würde ich nie machen", sagt Valentino sehr bestimmt.

„Bist du dir da wirklich sicher?", frage ich nach. „Ich selbst weiß nicht, wie ich mich verhalten würde. Wenn ich große Angst hätte, dass mir etwas Schlimmes angetan wird, wenn ich die Erwartungen der anderen nicht erfülle, würde ich vielleicht doch darauf verzichten, das zu tun, was ich will, und stattdessen tun, was die anderen wollen." Und dann füge ich noch hinzu: „Wenn mir die Erfüllung eines Wunsches ganz wichtig wäre und ich denke nur, ich bekomme ihn nur erfüllt, wenn ich das tue, was andere wollen und müsste dafür auf etwas anderes verzichten, was ich ansonsten gern getan hätte, bin ich mir auch nicht sicher, wie ich mich verhalten würde."

„Du hast recht, wenn die Angst sehr groß oder die Erfüllung eines Wunsches sehr wichtig wäre, bin ich mir selbst doch so nicht sicher, was ich tun würde", Valentino wirkt sehr nachdenklich.

„Es ist wohl mit der Selbstbestimmung nicht so, wie ich dachte. Ich will noch einmal in Ruhe über alles, was mit Autonomie zusammenhängt, nachdenken", sagt er und mit diesen Worten verlässt er meinen Schreibtisch und schreitet auf seine unnachahmliche Art und Weise langsam durch den Raum in Richtung Terrassentür und verschwindet.

Später am Abend kommt er zurück und ist ganz aufgeregt. „Ich habe etwas ganz Wichtiges herausgefunden und das muss ich dir unbedingt sagen. Also: Wenn ich die Autonomie eines anderen Lebewesens nicht akzeptiere, kann ich selbst auch nicht autonom sein. Wenn ich einem anderen Lebewesen nicht zugestehe, seine eigenen Entscheidungen zu treffen und zu tun, was es selbst will, dann bleibe ich selbst auch abhängig, einfach weil ich nicht ertrage, dass es mir nicht gehorcht."

Nach einer kleinen Pause fügt er noch hinzu: „Wenn ich sage, was ich mir wünsche, dann kann ich nur abwarten, ob mir der Wunsch erfüllt wird oder nicht. Wenn ja, kann ich mich freuen. Wenn nein, dann muss ich das akzeptieren, weil ich weiß, dass die Entscheidung bei dem anderen liegt. Ich bin dann vielleicht traurig oder enttäuscht, aber nur wenn ich die Entscheidung akzeptiere, kann ich autonom bleiben."

Er guckt mich an und will wissen, was ich dazu sage. Ich nicke und sage: „Ich stimme dir vorbehaltlos zu. Es ist zwar nicht ganz einfach, sich daran zu halten, aber es lohnt sich. Es ist sehr sinnvoll, die Erfüllung eines Wunsches als ein Geschenk vom anderen zu betrachten und eben nicht als seine Pflicht. Und wenn man das so sieht, kann der ganze Tag voller

Geschenke sein. Und über Geschenke kann man sich freuen. Und man kann dafür dankbar sein."

Aber dann will ich es doch genauer wissen. „Wie bist du denn zu dieser wichtigen Erkenntnis gekommen?", frage ich ihn.

„Ich habe meine geliebte Glückskatze gebeten, mit mir heute Nacht gemeinsam auf die Jagd zu gehen. Weißt du, es ist Vollmond und ich liebe es, sie bei der Jagd zu beobachten. Sie sieht dabei so geschmeidig und leicht aus, als wäre sie eine Feder. Aber sie hat gesagt, sie würde nicht mitkommen, sondern lieber die Nacht zusammen mit ihrer Freundin verbringen. Ich war so wütend und habe ihr vorgeworfen, sie würde mich nicht genug lieben, sie würde ihre Freundin vorziehen, meine Wünsche seien ihr gleichgültig und noch einiges andere. Aber sie hat mich nur angeguckt und ganz einfach gesagt: „Meine Wünsche sind für mich genauso wichtig wie deine für dich, und mein Wunsch ist es, bei meiner Freundin zu bleiben."

Erst war ich sprachlos darüber, wie sie mit mir redet. Dann habe ich angefangen nachzudenken. Und dann wurde mir klar, dass sie recht hat.

Ihre Wünsche sind für sie genauso wichtig wie meine für mich. Und wenn ich akzeptiere, dass es ihre Entscheidung ist, die gar nichts mit mir zu tun hat, dann fühle ich mich nicht mehr so abhängig. Nachdem ich das verstanden hatte, konnte ich ihr sagen, dass es selbstverständlich ihre Entscheidung ist, was sie tun will und was nicht. Damit war sie sehr zufrieden und wir haben uns anschließend sehr liebevoll voneinander verabschiedet."

Ich bin beeindruckt und sage ihm das auch.

„Wenn das alle so gut begreifen würden wie du, dass nämlich die Autonomie jedes Einzelnen von uns direkt davon abhängig ist, inwieweit wir unserem jeweiligen Gegenüber seine Autonomie zugestehen, dann wäre sicher manches freundlicher, harmonischer und einfacher."

Aber Valentino ist skeptisch: „Ich bin mir nicht sicher, ob du das wirklich verstanden hast, auch wenn du es so schön abstrakt noch einmal zusammengefasst hast. Schließlich bist du ein Mensch und Menschen haben seit Jahrhunderten Schwierigkeiten mit der Autonomie von anderen. Die meisten Menschen werden wütend, wenn andere ihnen nicht gehorchen. Und du bist doch auch nicht anders, oder?"

Ich bin ein bisschen erschrocken über Valentinos Worte. Nur hat er leider recht. Während ich noch darüber nachdenke, fallen mir viele Situationen ein, in denen mir ein Wunsch abgeschlagen wurde und ich es sehr persönlich genommen habe.

Je länger ich darüber nachdenke, desto mehr Beispiele fallen mir ein. Leider habe ich bei mir beobachtet, dass ich oft auf die Person wütend war, die die Erfüllung meines Wunsches abgelehnt hatte, weil ich dachte, sie müsste eigentlich tun, was ich wollte.

Und genau das war der Moment, in dem ich mich von der anderen Person und ihrem Verhalten abhängig gemacht habe. Mein emotionaler und mein mentaler Zustand war plötzlich abhängig davon, ob eine andere Person das tat, was ich wollte, oder nicht.

Ich habe mich tatsächlich persönlich abgelehnt gefühlt, obwohl ich doch eigentlich hätte wissen müssen, dass die Ablehnung meines Wunsches nichts mit mir zu tun hat. Mein Gegenüber hat wahrscheinlich einfach andere Prioritäten gehabt und deshalb andere Entscheidungen getroffen.

Aber leider, wenn ich ganz ehrlich mir selbst gegenüber bin, fällt es mir bis heute schwer, wenn ich einen Wunsch an jemand anderen habe, die Entscheidung über die Wuncherfüllung ganz bei der anderen Person zu lassen und eine Ablehnung meines Wunsches nicht persönlich zu nehmen.

Natürlich geht die Ablehnung eines Wunsches nicht spurlos an einem vorbei. Die Ablehnung von existenziellen Wünschen tut weh und dann wird man meist auch schnell wütend. Und in all den Fällen, in denen man schon so etwas wie Vorfreude entwickelt hat, ist man auch enttäuscht oder traurig.

Und es gibt leider immer auch die Möglichkeit, dass jemand selbst ärgerlich oder wütend ist, sich enttäuscht oder verletzt fühlt, sich rächen will oder das Gegenüber bestrafen möchte, und deshalb eine Wunscherfüllung verweigert.

Zumindest in meinen Gedanken ist es mir klar, auch wenn ich gefühlsmäßig noch Schwierigkeiten habe: Wenn ich mein Verhalten von dem Verhalten eines anderen Menschen abhängig mache, verhalte ich mich nicht mehr autonom. Ich mache mich zum Opfer des Verhaltens von anderen und betrachte die anderen als Täter, die mir etwas angetan haben. Was für eine problematische Dynamik. Mehr als nur ein paar Mal habe ich mich so verhalten und auch heute noch ist es entscheidend, wie schnell ich mir jeweils vergegenwärtigen kann, dass mein Gegenüber immer das Recht hat, das zu tun, was es selber will, auch wenn es mir nicht passt.

Deshalb sage ich zu Valentino: „Ach, Valentino, du hast ja so recht. Es fällt mir immer wieder schwer, die Autonomie von anderen zu respektieren, wenn ich nicht bekomme, was ich will."

„Mach dir nichts daraus", meint Valentino, „das geht mir genauso. Und anderen auch. Wir wollen alle, dass unsere Wünsche erfüllt werden. Das Problem fängt doch erst in dem Moment an, in dem man glaubt, man könne die anderen zwingen, das zu tun, was man will, oder sie ablehnt, sie bestraft oder nichts mehr mit ihnen zu tun haben will."

Leider muss ich vor mir selbst zugeben, dass ich früher öfter gedacht habe, ich könnte die anderen zwingen. Manchmal habe ich mir auch gewünscht, sie dafür zu bestrafen, dass sie nicht getan haben, was ich wollte.

„Valentino, ich glaube, über Wünsche und Wunscherfüllungen lässt sich noch viel sagen."

Wenn Valentino grinsen könnte, würde er das sicher tun, als er zu mir sagt: „Du hast sehr recht. Hast du übrigens schon gewusst, dass es auch prinzipiell unerfüllbare Wünsche gibt?"

Dann schreitet er langsam in den Garten. Wie ähnlich sich doch alle Katzen bewegen können. Wenn Valentino größer wäre, könnte man denken, er sei ein Tiger, nur in silbergrau. Ich bleibe zurück und habe wieder etwas zum Nachdenken.

10. Unerfüllbare Wünsche

Als Valentino am nächsten Morgen zum Frühstück kommt, will ich etwas von ihm wissen: „Gestern hast du doch von ‚unerfüllbaren Wünschen‘ gesprochen, was hast du denn damit gemeint?" Ich habe zwar einige Phantasien dazu, aber ich bin gespannt, was er darunter versteht.

„Ich habe nur ein paar Beispiele, die habe ich bei meinen geheimen Streifzügen in der Nachbarschaft aufgeschnappt. Herr Schmidt, der wohnt ein paar Häuser weiter Richtung Park, will beispielsweise von seiner Frau, dass sie aufhören soll, sich zu ärgern, und sie soll einfach das, was die anderen sagen, nicht so ernst nehmen. Sie soll sich auch nicht immer solche Sorgen machen oder denken, dass alles ein böses Ende nehmen wird. Sie soll sich seiner Ansicht nach anders verhalten, als sie es tut. Und er will sogar ganz oft, dass sie anders sein soll, als sie ist. Das geht doch gar nicht! Wenn man sich ärgert, dann ärgert man sich. Wenn man sich Sorgen macht, macht man sich Sorgen. Das kann sie doch nicht einfach ungeschehen machen, auch wenn er sich das wünscht. Das sind, finde ich, unerfüllbare Wünsche!"

„Das verstehe ich, Valentino", sage ich, „und Herr Schmidt wird sicher nicht sehr glücklich sein, wenn er immer wieder Wünsche an seine Frau hat, die unerfüllbar sind." „Das kannst du wohl sagen", meint Valentino, „er macht tatsächlich einen ziemlich unzufriedenen Eindruck."

„Hast du noch mehr Beispiele?", frage ich. „Noch einige, willst du sie hören?", und als ich nicke, erzählt er weiter: „Mittwochnachmittags trifft sich immer eine Gruppe von Frauen, jetzt im Sommer meistens draußen im Garten zum Kaffeekränzchen und da kann ich gut zuhören. Und du glaubst nicht, was ich da für Wünsche gehört habe. ‚Ich wünschte mir, mein Mann würde mir wenigstens manchmal das Gefühl geben, dass ich liebenswert bin.‘ Eine Andere wollte sich in ihrer Ehe geborgen fühlen und noch eine beschwerte sich darüber, dass ihr Mann ihr noch nie einen Orgasmus verschafft habe. Eine Frau sagte, dass ihr Mann sie ständig ärgern würde. ‚Er macht mich krank‘, hat sie mehrmals gesagt, ‚stattdessen sollte er mir das Gefühl geben, dass ich eine wunderbare Lebensgefährtin bin.‘ Das sind doch alles unerfüllbare Wünsche. Das findest du doch auch, oder?"

Ich denke nach. Ich kann gut verstehen, dass man solche Wünsche hat. Wer möchte denn nicht das Gefühl haben, geliebt zu werden, begehrenswert und bedeutsam für andere zu sein? Wer möchte sich nicht in einer Beziehung geborgen fühlen? Das sage ich auch zu Valentino. Und sicher würde er solche Wünsche auch gern erfüllt bekommen.

„Ich merke zwar", sagt Valentino, „dass es sich dabei irgendwie um unerfüllbare Wünsche handelt, aber ich weiß nicht genau, wieso. Ich glaube, es wäre gut, wenn du mir das noch einmal erklären würdest."

Ich denke nach. „Gefühle entstehen immer nur im eigenen Inneren", sage ich zu Valentino, „deswegen kann man einem anderen Menschen keine Gefühle von ‚Geborgenheit' oder von ‚Geliebtwerden' vermitteln, auch keinen Orgasmus. Aber man kann der anderen Person versichern, dass man sie liebt und für sie da ist. Man kann sich fürsorglich und zärtlich verhalten. Man kann der Situation entsprechende Angebote machen und emotionale Versicherungen abgeben. Nur wenn die andere Person diese nicht annehmen oder nicht glauben kann, dann funktioniert es nicht. Alle Gefühle und Empfindungen entstehen nur in einem selbst. Aber die Wechselwirkungen mit dem Umweltfeld sind dabei von großer Bedeutung."

„Wie meinst du das?", Valentino will es immer genau wissen. Ich versuche, ihm so genau, wie es mir möglich ist, zu antworten, und sage: „Also, ich würde innerlich kein Gefühl von Geborgenheit entwickeln können, wenn mir mein Partner immer wieder androhen würde, mich zu verlassen. Und ich würde sicher auch nicht das Gefühl, geliebt zu werden, in meinem Inneren entwickeln können, wenn mir mein Partner deutlich mitteilt, dass er mich nicht liebenswert findet. Innenwelt und Außenwelt müssen schon irgendwie zueinander passen. Trotzdem entwickeln sich Gefühle nur im eigenen Inneren."

„Also, du meinst, wenn jemand mir versichert, ich sei wunderschön, charmant und klug und wäre außerordentlich liebenswert oder so irgendetwas, und ich glaube es nicht, dann entwickele ich auch kein entsprechendes Gefühl", sagt Valentino.

„Ja, das ist leider so, wir können einer anderen Person keine Gefühle machen. Wir können sie nicht ärgern, nicht verletzen, nicht krank, aber auch nicht glücklich machen."

„Aber ich kann es doch wenigstens versuchen, oder?", fragt Valentino weiter nach, „Ich kann doch versuchen, dich glücklich zu machen?", und dabei sieht er mich mit seinen goldgelben Augen sehr ernst an. „Ach, Valentino, du versuchst es auf eine wunderbare Weise", sage ich zu ihm, „deine Versuche, mich glücklich zu machen, gelingen immer, weil ich sie so gerne entgegennehme, und ich danke dir für deine vielen Versuche."

„Das gefällt mir, was du sagst", Valentino schnurrt vor Zufriedenheit.

Ich würde auch schnurren, wenn ich könnte. Es ist wirklich schön, wenn jemand sagt, ich möchte dich glücklich machen. Es ist zwar immer nur ein Versuch, mindert aber nicht den Wert des Bemühens.

„Du sagst doch die Dinge so gerne abstrakt", sagt Valentino nach einiger Zeit, „wie würdest du denn jetzt abstrakt beschreiben, was unerfüllbare Wünsche sind?"

Valentino hat es echt drauf, mich immer vor neue Herausforderungen zu stellen.

„In Ordnung, Valentino, ich versuche es. Erstens: Etwas in der Vergangenheit ändern zu wollen, führt zu unerfüllbaren Wünschen. Was geschehen ist, kann man nicht mehr ändern. Und das, was gerade eben geschehen ist, ebenfalls nicht", sage ich, bevor ich zu der nächsten Sorte unerfüllbarer Wünsche komme.

„Zweitens: Auch Wünsche, in anderen Menschen bestimmte Gefühle zu erzeugen, sind – wenn die das nicht wollen oder können – immer unerfüllbare Wünsche", füge ich hinzu.

„Und drittens: Unerfüllbar sind auch die Wünsche, Menschen sollten sich ändern und sich anders verhalten als bisher. Menschen wollen meistens so akzeptiert werden, wie sie sind. Sie verhalten sich – außer sie denken sorgfältig nach – meist auf der Grundlage ihrer gelernten Muster und diese Muster ändern sich nicht, nur weil ein anderer das möchte. Nur die Person selbst kann versuchen, sich ihrer Muster bewusst zu werden und sich bemühen, neue Verhaltensweisen zu lernen."

Ich denke noch für einen Moment nach und dann sage ich: „Ich glaube, Valentino, das sind sie: die prinzipiell unerfüllbaren Wünsche. Am wichtigsten dabei ist wohl, das man das, was geschehen ist und was gerade geschieht, nicht ändern kann. Man kann es nur akzeptieren und anschließend versuchen, das Beste daraus zu machen. Mehr fällt mir im Moment nicht ein."

„Na, das macht doch manches klar", Valentino klingt anerkennend. Aber ihm fällt natürlich noch etwas anderes ein. „Es gibt noch viel mehr unerfüllbare Wünsche, prinzipiell unerfüllbare Wünsche. Seit vielen Jahren wünsche ich mir Fledermausflügel und die Fähigkeit, fliegen zu können. Ich wünsche mir auch, ich könnte meine Größe – wie Alice im Wunderland – beliebig ändern. Ich wünsche mir auch manchmal, ich könnte zaubern, dann würde ich dir auch einmal einen besonderen Wunsch erfüllen. Da wäre ich dann ganz großzügig." „Du bist wirklich ein Schatz", sage ich, „und du hast völlig recht. Es gibt noch Millionen und Abermillionen von unerfüllbaren Wünschen und die sind alle wichtig. Fliegen können finde ich auch ganz toll und ich wollte schon immer einmal ein sprechendes Einhorn kennenlernen. Und man kann ja nie so genau wissen, was geschehen wird."

Wir schweigen beide ziemlich lange. Worüber Valentino nachdenkt, weiß ich nicht. Ich denke weiter über unerfüllbare Wünsche nach und es fallen mir sehr viele ein. Auf keinen Fall möchte ich auf einen von ihnen verzichten. Sie beflügeln meine Phantasie und zu manchen könnte ich mir vielleicht ein Märchen ausdenken.

11. Kinder

Valentino kommt voller Freude von draußen nach Hause. „Stell dir vor, ich bin Vater geworden! Naja, wahrscheinlich. Du erinnerst dich doch noch an meine Geliebte, die wunderbare Glückskatze – wie du sie genannt hast – sie hat vier wunderhübsche kleine Katzen geboren, zwei Katerchen und zwei Katzen, und alle gesund. Ich bin ganz sicher, die eine kleine Katze ist von mir, sie sieht genauso aus wie ich, sie hat auch ein silbergraues Fell." „Und was ist mit den anderen?", frage ich nach.

„Naja, es kommen außer mir noch drei andere Kater als Väter in Frage." Valentino nimmt es offensichtlich ganz gelassen. Ich könnte das wohl nicht, wenn ich an seiner Stelle wäre.

„Wirst du dich denn nun auch an ihrer Erziehung beteiligen?", will ich von ihm wissen.

„Was meinst du denn damit?", fragt Valentino zurück.

Ich merke, ich bin mir nicht ganz sicher, was ich damit meine. Sicher nicht das, was üblicherweise unter „Kindererziehung" verstanden wird.

Die meisten anderen Erwachsenen gehen davon aus, dass Kinder gehorchen müssen, dass Erwachsene das Recht haben, Kindern ihre Wirklichkeit vorzuschreiben, ihnen zu sagen, dass es Regeln geben muss, denen die Kinder sich zu unterwerfen haben, dass die Kinder die Erwartungen und Wünsche der Erwachsenen erfüllen müssen, dass nur die Erwachsenen wissen, was gut ist für die Kinder, und dass die Erwachsenen das Recht haben, die Kinder zu bestrafen, wenn diese nicht das tun, was von ihnen erwartet wird.

Alles das finde ich nicht.

Woher nehmen wir eigentlich diese im Grunde unverschämte Vorstellung, wir dürften andere Lebewesen unterwerfen und sie „zwingen", dass zu tun, was wir wollen. Und das ganze unter dem Deckmantel, für sie die Verantwortung zu übernehmen und sie zu schützen.

Natürlich wollen wir – wie alle lebendigen Wesen – immer irgendetwas von unserer Umwelt, und damit auch von unseren Kindern. Und natürlich wollen wir sie auch vor Gefahren schützen und gut für sie sorgen. Und wir alle wollen, dass das, was wir wollen, auch erfüllt wird. Sonst brauchten wir es gar nicht erst zu wollen.

Das Problem fängt dann an, wenn sich das jeweilige Gegenüber weigert, das zu tun, was wir wollen. Und leider haben wir die Erwartung, dass das Gegenüber zu gehorchen hat, meist so verinnerlicht, dass wir nicht nur wütend werden, sondern auch den Wunsch haben, das Gegenüber für sein „ungehöriges" Verhalten zu bestrafen. Und manchmal diese Wut auch einfach am anderen auszulassen.

Ich erzähle Valentino von meinen Überlegungen und frage ihn, wie Katzen mit ihren Kindern umgehen.

„Das ist ziemlich einfach", sagt er zu meinem Erstaunen. „Wir berücksichtigen einfach die grundlegenden Wünsche, die wir alle gemeinsam haben, wie du mir schon oft gesagt hast.

Ich zähle sie dir gerne noch einmal in Kurzform auf: Wahrgenommen werden, dazugehören und sich sicher fühlen, Wirkung und Bedeutung haben, wichtig sein, selbstbestimmt handeln können, geachtet und respektiert werden, gemocht oder auch geliebt werden. Das sind – mehr oder weniger – die Wünsche, die wir ununterbrochen haben, neben den Bedürfnissen, die für unser Überleben wichtig sind. Und diese Wünsche erfüllen wir unseren Kindern. Und da die Erfüllung dieser Wünsche sie nicht satt macht, wollen sie sie immer wieder erfüllt bekommen und sie sind bereit, etwas für die Wunscherfüllung zu tun."

Dann macht er eine Pause und ich warte darauf, was er wohl noch sagen will. Und er redet tatsächlich weiter: „Dazu kommen bei den Kleinen sowohl die Angst vor dem Unbekannten als auch die Neugier auf das Unbekannte. Bei der Erforschung dieses Unbekannten wollen sie – wegen der

Ängste – die Unterstützung der Erwachsenen haben und die geben wir ihnen auch. Du siehst also, es geht im Grunde nur um Wunscherfüllungen und um die Vermeidung von Ängsten."

Valentino sieht mich an und ist irgendwie stolz. Und dann setzt er noch fort „Ich glaube, wir gehen freundlicher und respektvoller mit unseren Kindern um als ihr mit euren."

„Das glaube ich auch", sage ich, „und ich würde gern etwas dazu tun, dass wir lernen, mit unseren Kindern und ihren Wünschen – vor allem nach Selbstbestimmung – respektvoller umzugehen."

„Naja, viel tun kannst du nicht. Es sind ja alles selbstorganisierende Systeme und die sind – wie du immer sagst – nicht gezielt beeinflussbar und nur durchlässig für Materie und Energie."

„Leider! Aber für diese Systeme gilt auch, dass selbst winzige Kleinigkeiten in einem solchen System große Veränderungen hervorrufen können, und deshalb hoffe ich immer, dass es irgendetwas geben oder irgendwer etwas tun wird und plötzlich alles anders ist. Deswegen werde ich es auch immer weiter versuchen."

Valentino streicht mit seinem Kopf mehrfach an meinem Knie entlang und schnurrt. Es wird mir sehr deutlich, dass er das auch gut findet.

Ich denke noch weiter über das nach, was Valentino darüber gesagt hat, wie sorgfältig Katzen darauf achten, die existenziellen Wünsche ihrer Kinder zu erfüllen. Und ich wundere mich nicht, dass Menschen – und ich auch – Schwierigkeiten damit haben. Ich habe nicht von klein auf gelernt, anderen Menschen – ob groß oder klein – diese existenziellen Wünsche zu erfüllen. Und wenn ich die Umgangsformen meiner Mitmenschen beobachte, dann wird mir bewusst, dass wir alle ein Defizit in der Erfüllung dieser Wünsche haben. Emotional sind wir alle fast verhungert.

Das liegt zum Teil daran, dass wir ganz viel kämpfen, vor allem darum, wer recht hat. Wir glauben daran, dass die „Wirklichkeit" für alle dieselbe ist. Das kann aber aus neurophysiologischen Gründen nicht so sein. Jeder

Mensch lebt in seiner eigenen Wirklichkeit, die er bzw. seine Selbstorganisation ununterbrochen mithilfe der Wechselwirkungen mit der Umwelt herstellt.

Aber das akzeptieren wir nicht. Stattdessen bestreiten wir ganz oft die Wirklichkeiten anderer Menschen und das ist gar nicht nett.

Ich will von Valentino wissen, ob ich mich auch mit ihm darüber gestritten hätte, wer von uns beiden recht hat.

„Also", fängt er langsam und bedächtig an zu sprechen, „du hast schon öfter die Tendenz, das, was nicht mit deiner Sichtweise übereinstimmt, als ‚falsch' zu bezeichnen. Aber du sagst wenigstens dann nicht so Sätze wie ‚Du spinnst doch', ‚Das kann gar nicht sein' oder ‚Das war in Wirklichkeit ganz anders'. Du denkst es vielleicht, aber es sieht so aus, als ob du nachdenken würdest, wenn etwas für dich anders ist als für mich. Und du fragst ganz oft, wie ich etwas finde. Das zeigt mir, du rechnest damit, dass ich anders bin als du."

„Valentino, bitte entschuldige. Du hast recht. Ich merke, dass ich sogar in Bezug auf dich diese Tendenz bei mir beobachten kann, obwohl ich ja ganz sicher weiß, dass deine Welt für dich ganz anders ist als meine für mich. Wie gut, dass du mich immer dann – wenn ich wieder einmal ‚recht' haben will – darauf aufmerksam machst, dass ich gerade schon wieder denke, ich wüsste besser als andere, wie etwas ‚wirklich' sei."

„Stimmt", sagt er, „ich sage dir dann immer, dass ich nicht so gern von dir höre, ich sei im Unrecht. Lieber ist es mir, wenn du einfach sagst, es sei anders für dich als für mich, und dann höre ich mir gerne an, wie es denn für dich ist."

„Danke, Valentino", sage ich.

Hoffentlich lerne ich etwas schneller als bisher, etwas bescheidener zu werden und mich auf meine Wirklichkeit zu beschränken, anstatt immer wieder ungefragt meine Phantasien, meine Interpretationen und meine Kommentare über die Wirklichkeiten von anderen auszubreiten.

Eigene Phantasien und Interpretationen in Bezug auf andere zu entwickeln, ist nach wie vor wichtig, aber es ist entscheidend, stets zu wissen, dass es die eigenen sind, die nicht mit den Prozessen der anderen übereinstimmen müssen.

„Ich will noch etwas zu unserem Umgang mit unseren Kindern sagen, was ich ganz entscheidend finde", sagt Valentino am nächsten Morgen zu mir. „Niemals, wirklich niemals behaupten wir gegenüber unseren Kindern, sie hätten uns geärgert, würden uns nervös machen, in den Wahnsinn treiben, krank oder glücklich machen oder irgend so etwas. Das sind unsere eigenen Zustände und niemand anderes ist dafür verantwortlich, nur wir selbst. Und wir würden auch niemals mit unseren Kindern böse werden, nur weil sie das tun, was sie selbst wollen, anstatt das zu tun, was wir wollen. Wenn es ungefährlich ist, was sie tun, unterstützen wir sie und wenn es gefährlich ist, tragen wir sie woanders hin oder schieben sie mit der Pfote wieder in die Richtung, die wir für ungefährlich halten oder wir stoppen sie auf eine andere Weise.

Bei euch Menschen habe ich beobachtet, dass Erwachsene ganz oft die Verantwortung für ihre eigenen Gefühle, ihren Gesundheitszustand und anderes mehr den Kindern zuschieben. Das finde ich sehr problematisch."

So ernst hat Valentino lange nicht mit mir geredet und ich bin ganz betroffen.

„Am liebsten würde ich dir widersprechen, Valentino, aber leider habe ich das auch ganz oft beobachtet. Und früher habe ich in manchen Situationen auch gedacht, das Verhalten der anderen – auch meiner Kinder – würde meine Gefühle hervorrufen. Sie hätten mich geärgert, nervös gemacht, aber auch oft glücklich. Es hat lange gedauert, bis ich gelernt habe, die volle Verantwortung für meine Gefühle, Gedanken und Handlungen bei mir zu belassen. Und manchmal finde ich das heute noch schwer und brauche Zeit, um mir bewusst zu machen, dass nur ich für mich verantwortlich bin."

Valentino guckt mich an und meint, ich würde das schon ganz gut machen. Ich finde es sehr freundlich von ihm, mich trösten zu wollen. „Ich danke dir, Valentino", sage ich und denke, wie gut, dass man nie zu alt ist, um etwas dazuzulernen und dass es immer wieder jemanden gibt, der einem dabei hilft.

Eines Nachmittags kommt Valentino in mein Arbeitszimmer und springt auf den Schreibtisch. Er sieht mich an und sagt: „Katzenkinder gehen ja nicht in die Schule, aber ich bin sicher, dass da in Bezug auf eure Kindern auch nicht alles in Ordnung ist. Wenn ich nur daran denke, was alles von den Lehrern verlangt wird, was aber gar nicht möglich ist."

„Was meinst du denn damit?" Ich bin neugierig. Und Valentino legt gleich los: „Lehrerinnen und Lehrer sind doch genauso selbstorganisierende Systeme wie ihre Schülerinnen und Schüler und für diese gelten doch ganz bestimmte Grenzen. Alle sind zwar ständig in Wechselwirkung in ihrer Umwelt, aber sie sind nicht gezielt beeinflussbar, deshalb auch nicht kontrollierbar und nur in Echtzeit zu beobachten, wie du immer sagst. Aber das wollen ja die meisten leider nicht wahrhaben. Das weiß ich aus den Online-Zeitungen. Und da steht es auch immer wieder, dass alle möglichen Menschen aus den verschiedensten Bereichen – aus mit Erziehung befassten Institutionen, aus den Wissenschaften, aus der Politik usw. – erwarten, dass Lehrerinnen und Lehrer die Kinder motivieren, disziplinieren und belehren. Sie sollen ihnen nicht nur Wissen aller Art beibringen, sondern sie auch dazu bringen, Regeln zu folgen und sich sozial angemessen zu verhalten. Aber das können die doch nur versuchen, ob es klappt, entscheiden doch die Kinder?"

„Da hast du wirklich in wenigen Worten das Entscheidende zusammengefasst", sage ich, „und du hast ja so recht. Man kann zwar versuchen, Kinder auf die eine oder andere Weise zu erziehen, aber ob die Versuche gelingen, entscheiden immer die Kinder."

„Wenn die Erwachsenen das wüssten, müssten sie den Kindern doch jedes Mal dankbar sein, wenn sie das tun, was sie sollen", sagt Valentino und fügt hinzu: „Ich habe nur ein Problem. Wie kommt es dann, dass manche Personen sehr erfolgreich mit den Kindern arbeiten und kaum Schwierigkeiten haben und andere kommen mit den Kindern überhaupt nicht zurande und scheitern? Manchmal sogar mit den gleichen Kindern."

„Ich denke, dass hängt mit der Qualität der Versuche zusammen. Man kann den Kindern Angebote machen, die sie annehmen wollen, und andere, die sie lieber ablehnen."

„Siehst du, ich habe doch gewusst, dass ich dafür eine Lösung habe", sagt Valentino richtig erfreut. „Sie müssten es so machen, wie wir mit unseren Kindern. Sie müssten mit ihren Angeboten gleichzeitig auch immer die bedeutsamen Wünsche erfüllen, so wie wir das machen. Ich meine damit die Wünsche, die du existenzielle Wünsche nennst."

„Ich glaube, dass wäre wunderbar", sage ich, „aber um das zu können, müssen wir Menschen wohl noch sehr viel lernen. Wir wollen alle diese existenziellen Wünsche von anderen erfüllt bekommen, aber kaum jemand erfüllt sie einfach mal so einer anderen Person. Das ist das Problem. Die meisten wollen sie nur erfüllt bekommen, aber nicht selbst erfüllen."

„Wie kann man denn das ändern?" Valentino wirkt richtig engagiert. „Ich weiß es auch nicht", sage ich, „wir wissen ja beide, wir können es nur immer wieder versuchen. Deswegen sage ich ja immer: Gezielte Einflussnahme ist nicht möglich."

„Irgendetwas müssen wir doch tun!" Valentino lässt sich nicht bremsen. „Wir werden es beide einfach immer wieder versuchen, mehr Bewusstheit für diese Prozesse und deren Bedingungen zu aktivieren. ‚Versuchen', mehr geht nicht."

„Ich finde das frustrierend", Valentino klingt auch so. Ich versuche, seinen Frust ein bisschen zu mildern, wohlwissend, dass das nur geht, wenn er sich darauf einlässt, indem ich sage:

„Du bist doch auch nicht frustriert darüber, dass du das Wetter nicht ändern kannst."

Aber er sagt: „Doch manchmal schon!" Und dann wendet er sich ab und

geht nach draußen. Dort ist es inzwischen schon etwas dämmerig geworden und Valentino will wahrscheinlich auf die Jagd gehen.

12. Die Liebe zum Identischen

„Sag mal, warum haben eigentlich Menschen, die sich liebhaben, so oft solche Schwierigkeiten miteinander?", fragt mich Valentino eines Morgens, während ich gerade den letzten Rest meines Kaffees austrinke. Die Frage überrascht mich etwas. Aber es ist wohl etwas dran, warum sonst gibt es so viele Scheidungen.

„Valentino, ich weiß es nicht. Ich glaube, es ist sehr kompliziert. Ich habe höchstens ein paar Ideen, aber ich weiß nicht, ob sie verallgemeinerbar sind."

„Das ist mir egal. Verallgemeinerungen sind doch sowieso immer nur Vermutungen und gelten nicht für den Einzelfall, aber ich höre sie mir gerne an. Vielleicht könnte man sie ja auf den Einzelfall anpassen. Wenn nicht, auch gut. Du sagst doch sowieso immer, dass alle Menschen verschieden sind." Dann fügt er noch hinzu: „Das gilt übrigens auch für Katzen."

„Also gut! Mir ist aufgefallen, dass eine ganze Reihe von Menschen großen Wert auf Gemeinsamkeiten legt. Der andere in einer Beziehung soll so sein, sich so verhalten, so fühlen, so denken und die gleiche Meinung haben wie man selbst. Wenn Differenzen auftauchen, fühlen viele Menschen sich unwohl oder sogar bedroht. Irgendjemand hat das einmal ‚die Liebe zum Identischen‘ genannt."

Valentino ist überrascht: „Ja, wissen Menschen denn nicht, dass das Leben nur durch Differenzen aufrechterhalten wird? Wasser fließt nur, wenn es Höhenunterschiede gibt, Wind weht nur, wenn es Temperaturunterschiede gibt. Und das gilt für alles, was lebt und sich dabei verändert. Alles Leben beruht darauf, dass es Unterschiede gibt, und ausgerechnet bei Beziehungen finden Menschen das schwierig. Ich verstehe das nicht."

„Naja, manchmal finden Menschen es auch spannend, wenn der Partner anders ist. Für die meisten darf der Unterschied nur nicht zu groß sein."

Valentino ist nicht zufrieden, aber er gibt es für den Moment auf, weiter nachzuforschen und geht, um sich einen Schlafplatz für den Vormittag zu suchen.

Ich fange an, darüber nachzudenken. Als ich noch glaubte, alle Menschen lebten in ein und derselben Wirklichkeit, hatte ich auch große Schwierigkeiten, die Andersartigkeit anderer Menschen zu akzeptieren. Ich hatte dann Angst, die Unterschiede in den Sichtweisen, den Meinungen, den Vorgehensweisen usw. würden dazu führen, dass ich keinen Platz mehr in der „gemeinsamen Wirklichkeit", in der es „Richtiges" und „Falsches" gab, haben würde.

Ich fürchtete, wenn ich anders dachte oder etwas anders beurteilte als die anderen, dass ich dafür ausgegrenzt oder abgelehnt würde. Und das ist ja auch öfter geschehen.

Ich erinnere mich noch an meine Ängste, wenn ich es wagte, jemandem zu widersprechen. Ich dachte damals, ich hätte kein Recht auf eine abweichende Meinung, auf eine andersartige Sichtweise oder Ähnliches. Allerdings galt das dann auch für die anderen. Die anderen durften auch nicht abweichen von dem, was ich als selbstverständlich und normal ansah, denn dadurch würden meine Ängste bei dem Gedanken, ich würde den anderen widersprechen müssen, wieder auftauchen. Ein Teufelskreis.

Allerdings konnte man gut darin leben, wenn alle sich ähnlich und einer Meinung waren. Dann gab es kaum Aggressionen, nur selten wurde jemand angegriffen, auch ich nicht. Es war – von heute aus betrachtet – „die Illusion einer Komfortzone".

Ich weiß noch genau die Situation, die im Nachhinein zu ersten Zweifeln führte. Ich war nachts in einer Bar und mir gegenüber saß ein sehr interessant aussehender Mann. Seine Hautfarbe war ein tiefes Schwarz und das Weiß seiner braunen Augen leuchtete. Er lächelte mich an und sagte fast beiläufig zu mir: „Ich habe die absolute Wahrheit gefunden."

Schneller, als ich denken konnte, sagte ich: „Die gibt es nicht!", und beschloss, mich innerlich von ihm zu distanzieren, denn wer so etwas behauptete, konnte nicht ganz „dicht" sein.

Bald darauf machte ich mich auf, um nachhause zu gehen, und schon auf dem Wege wurde mir bewusst, ich hatte vorschnell eine Gelegenheit, etwas dazuzulernen, von mir gewiesen.

Bis heute weiß ich nicht, was dieser Mensch für die absolute Wahrheit hielt, und ich bereue bis heute, dass ich ihn nicht gefragt habe.

Ich erzähle Valentino von diesem Erlebnis und er meint, inzwischen hätte ich doch einiges dazugelernt. Bei ihm würde ich meinen abwehrenden Impulsen nicht mehr so oft folgen, sondern eher neugierig nachfragen.

„Es freut mich, dass es dir aufgefallen ist", sage ich, „ich habe es auch gemerkt, dass ich inzwischen eher nachfrage, wenn Menschen anfangen, mir etwas für mich Befremdliches aus ihrer Wirklichkeit zu erzählen."

Und dann unterhalten wir beide uns darüber, wie unterschiedlich, wie vielfältig, wie phantasievoll und wie komplex die Wirklichkeiten anderer Lebewesen sind und wie bereichernd das für die eigene Wirklichkeit sein kann.

„Auch Bücher sind ganz toll dafür", sage ich zu ihm und er meint, er würde zwar nur E-Books lesen, aber das sei ihm auch schon aufgefallen.

„Aber was machst du mit den Menschen, die dir eine eigene Wirklichkeit nicht zugestehen wollen, sondern stattdessen davon ausgehen, dass du mit ihnen zusammen eine gemeinsame Wirklichkeit teilst, über die sie vorgeben, besser Bescheid zu wissen als du?", fragt Valentino, „Menschen, die glauben, dass sie im Recht sind, und wollen, dass du ihnen zustimmst?"

„Oh, das wird schwierig. Ich versuche dann so etwas zu sagen, wie ‚Interessant, wie du das siehst' oder ‚Erzähl mir mehr davon' oder so etwas

Ähnliches. Aber wenn sie die Zustimmung unbedingt wollen, reicht das nicht aus. Ich habe es ausprobiert. Selbst vorsichtige Sätze von mir, wie ‚Ich habe etwas andere Erfahrungen gemacht' oder ‚Ich sehe das etwas anders', sind für sie wie eine Kampfansage."

„Jaja", sagt Valentino, „das sind Fundamentalisten, die nichts außer der von ihnen absolut gesetzten eigenen Wirklichkeit zulassen wollen. Ich kenne einen Kater, der ist genauso. Er hat sich eine bestimmt Mausefang-Methode ausgedacht. Nun behauptet er, alle anderen Methoden seien falsch, und beschimpft alle, die es anders machen wollen. Aber ich glaube, bei Menschen ist so ein alltäglicher Fundamentalismus viel weiter verbreitet als bei Katzen."

Dabei fällt mir ein, wie viele Fundamentalisten dieser Art ich in meinem Leben – vor allem während meiner Arbeit an der Universität – kennengelernt habe. Wissenschaftler bemühen sich schon seit Jahrhunderten um die Produktion der Vorstellung von einer einzigen für alle gleichen, objektiven Wirklichkeit, die mit Hilfe wissenschaftlicher Methoden sukzessive und angeblich immer besser und genauer erkannt werden kann.

Und mir wird auch bewusst, wie gut sich diese illusionäre Vorstellung immer wieder – im privaten und im öffentlichen Raum – zu Herrschaftssystemen ausbauen lässt.

Und das geschieht bis heute. Auch das macht denen, die sich unterwerfen sollen, Angst.

Ich weiß noch, wenn meine Angst sehr groß war, konnte ich nicht mehr für meine Eigenständigkeit und meine abweichenden Sichtweisen einstehen. Oft habe ich mich in solchen Situationen sprachlos und wie gelähmt gefühlt.

Während ich noch darüber nachdenke, hat Valentino sich leise von dannen geschlichen. Wahrscheinlich will er seine entzückende Glückskatze und ihre Kinder besuchen.

Am späten Nachmittag, als sich Valentino wieder bei mir sehen lässt, will ich weiter mit ihm reden. Aber er will erst seine Dose mit Hähnchenfilet haben. „Mit leerem Magen kann ich nicht denken!", meint er und ich gehe in die Küche, um ihm die Dose aufzumachen. Als er alles aufgefressen hat, kommt er zurück, legt sich oben auf die Sofalehne und fragt mich, was ich ihm denn eigentlich erzählen wolle, jetzt sei er bereit, mir zuzuhören.

Als ich schließlich aufhöre zu reden, brauche ich ihn gar nicht zu fragen, was er denn davon hält, er redet gleich los: „Das ist doch furchtbar, was die Menschen sich nur auf der Grundlage einer Illusion einander antun. Ich verstehe gar nicht, weshalb sie so viel Wert darauf legen, dass sie alle in ein und derselben Wirklichkeit leben und sich vor Unterschieden und Andersartigkeit so fürchten. Ich bin so froh, dass du anders bist als ich, dadurch kann ich mich doch immer als jemand ganz Besonderes fühlen. Und auch sonst hat das Vorteile. Du willst andere Sachen essen, deswegen isst du mir nichts weg. Ich kann in der Dämmerung und in der Nacht besser sehen und ich bin meistens viel schneller als du."

„Siehst du, auch du benutzt unsere Verschiedenheit, um besser zu sein und dich besser zu fühlen, genau wie wir Menschen auch." „Stimmt", sagt Valentino ein bisschen beschämt, aber offensichtlich nur ein bisschen, denn er beginnt sofort mit der Gegenrede und sagt: „Aber wenn es doch wahr ist!"

Ich nicke und denke, es ist wirklich schwierig, den Anspruch auf „eine gemeinsame Wirklichkeit für alle" und auf den Besitz der „Wahrheit" aufzugeben.

„Es gibt vieles, was sich sowohl in deiner Wirklichkeit als auch in meiner finden lässt", sage ich, „schließlich leben wir gemeinsam auf diesem Planeten und wir können deshalb ähnliche Erfahrungen machen. Aber deine biologische Ausstattung ist anders als meine und deswegen ist manches für dich anders aus als für mich.

Ich liebe zum Beispiel die Farbe Rot, aber rote Sachen sehen in deiner Wirklichkeit ganz anders aus, weil deine Augen die elektromagnetischen Wellen des Lichts anders verarbeiten als ich. Du bist für das Riechen biologisch anders und zwar besser ausgestattet als ich und auch deine Interessen und Intentionen sind meisten andere als meine. Und aus diesen und vielen anderen Gründen – vor allem wegen deiner andersartigen Erfahrungen – lebst du in einer anderen Wirklichkeit als ich. Aber wir können uns immer wieder auf einen Konsens – eine Konsensus-Realität – einigen."

„Das ist wahr", sagt Valentino und ich sage „Siehst du, wir beide haben ab und an eine gemeinsame Konsensus-Realität und damit auch immer wieder Übereinstimmungen in Bezug auf Unterschiede. Es ist einfach normal, dass verschiedene Lebewesen auch verschiedene Fähigkeiten und damit auch unterschiedliche Kompetenzen haben. Und sie alle leben eben in ihren eigenen unterschiedlichen Wirklichkeiten, auch wenn die meisten Menschen das nicht wahr haben wollen."

„Mir ist es immer noch unverständlich", sagt Valentino, „weshalb Menschen das nicht akzeptieren wollen. Weshalb sie so viel Angst vor dem haben, was sie nicht kennen und was anders ist als sie. Manche werden ja richtig rabiat und greifen andere Menschen an, nur weil diese andere Vorlieben und Abneigungen haben und anders leben wollen. Oder töten sie sogar." Valentinos Empörung und Abscheu sind nicht zu überhören.

„Ich bin auch immer wieder ganz entsetzt und ich verstehe es auch nicht", sage ich, „irgendwie ist die Balance zwischen Neugier auf das Neue und Angst vor dem Neuen nicht mehr da. Vielleicht weil Menschen nicht mehr daran denken, dass Angst sie eigentlich nur zur Vorsicht auffordert. Sie haben Vorsicht in Bezug auf das Neue durch die Angst, man könne das Neue nicht kontrollieren, ersetzt. Unsere ganze Kultur ist ja von der Illusion bestimmt, man könnte alles kontrollieren, wenn man nur gut genug wäre."

Valentino ist irritiert und fragt: „Und das glauben Menschen wirklich? Sie glauben, sie könnten ihre Partner, ihre Kinder, ihr Leben, ihre Zukunft – oder was auch immer – kontrollieren?" Er kann es nicht fassen.

„Ja", sage ich", „meiner Ansicht nach glauben das sehr viele. Es macht ihnen Angst oder sie werden wütend, wenn sie merken, dass die Prozesse nicht so laufen, wie sie das wollen. Das gilt nicht nur für zwischenmenschliche Beziehungen, sondern für alle gesellschaftlichen Bereiche."

Während ich rede, fällt mir eine Fülle von Beispielen ein, in denen der vermeintliche Kontrollverlust zu Konflikten und Streit zwischen Menschen geführt hat.

Dann sage ich: „Weißt du, wenn man sich ähnlich ist und ähnliche Vorlieben hat, ähnliche Interessen und ähnliche Verhaltensvorstellungen, dann taucht die Frage, wer die Kontrolle hat, wer bestimmt und wessen Wirklichkeit die bedeutendere oder die ‚richtige' ist, einfach nicht so häufig auf. Aber wenn Menschen sehr verschieden sind, der eine ist z. B. ordentlich, der andere lässt seine Sachen überall liegen, der eine ist immer gleich Feuer und Flamme für neue Ideen, der andere braucht viel Zeit, bis er sich zu einer Entscheidung durchringen kann und so weiter, dann gibt es schneller Schwierigkeiten."

„Trotzdem", meint Valentino, „das muss doch nicht sein. Sie könnten doch auch etwas voneinander lernen."

Ich möchte von Valentino genauer wissen, wie er sich das vorstellt.

„Du erinnerst dich doch an meine vielgeliebte Freundin, die redselige Siamesin", und als ich nicke, erzählt er weiter: „Anfangs fand ich ihren Redefluss sehr anziehend, bedeutete es doch, ich brauchte nicht viel zu sagen, und trotzdem war alles in Ordnung zwischen uns. Du weißt ja, ich war früher eher schweigsam. Dann ging mir ihr ‚Gequassel' – wie ich es inzwischen nannte – zunehmend auf die Nerven. Ich hatte zuerst die Tendenz, sie dafür anzugreifen, damit sie weniger redete, aber dann wurde mir bewusst, dass das gar keinen Zweck hätte. Jemanden aufzufordern, bestimmte Verhaltensweisen zu unterlassen, hat noch nie geholfen. Der lebendige Ausdruck von jemanden lässt sich eben nicht so leicht begrenzen."

„Und was hast du gemacht?" Ich werde neugierig. „Ganz einfach", sagt Valentino, „ich habe selbst angefangen zu reden und so habe ich von ihr gelernt, mich selbst aktiv auszudrücken. Ist dir nicht aufgefallen, dass ich seitdem mehr rede?"

Er wartet meine Antwort gar nicht ab, sondern fügt hinzu: „Ich weiß jetzt, dass ich nicht das Opfer ihrer Redseligkeit bin und vermisse inzwischen ihr ‚Gequassel' ganz außerordentlich. Ich bin oft sehr traurig, wenn ich an sie denke, es ist so schade, dass sie nicht mehr hier wohnt. Du weißt ja sicher noch, dass sie eines Tages einfach von ihrer sogenannten Besitzerin umgezogen wurde."

Valentino wirkt nachdenklich, ich würde sehr gern wissen, worüber er nachdenkt und frage nach.

„Es gibt noch mehr", erzählt er weiter, „was ich von Katzen, die anders waren als ich, gelernt habe. Du weißt ja, ich gehe immer sehr vorsichtig mit allen deinen Sachen um und habe noch nie etwas kaputt gemacht. Du dachtest sogar, ich sei vielleicht ein bisschen aggressionsgehemmt, und ich dachte, mein vorsichtiges Verhalten sei selbstverständlich und gehöre sich so. Aber dann hat mir ein anderer Kater erzählt, was er alles veranstaltet, um seinen Wünschen Nachdruck zu verleihen. Wenn sein Dosenöffner morgens nicht aufstehen will, um ihm etwas zu fressen zu geben, fängt er an, einen Gegenstand nach dem anderen – mit zeitlichem Abstand – vom Nachttisch zu wischen. ‚Wenn das nichts hilft, schmeiße ich woanders auch noch Sachen auf die Erde', hat er voller Stolz erzählt. Was der alles drauf hatte. Er ist auch nicht davor zurückgeschreckt, direkt vor seine Katzentoilette oder woanders hin zu pinkeln, wenn sie ihm nicht sauber genug war. Ich habe viel von ihm gelernt." Aber dann fügt Valentino freundlicherweise noch hinzu: „Hab keine Angst, vieles davon würde ich nicht tun, aber es fühlt sich gut an, dass ich weiß, ich könnte es tun. Inzwischen ist mir klar geworden: Etwas Neues kann man nur von Lebewesen lernen, die anders sind als man selbst."

Während Valentino von seinen Erfahrungen berichtet, denke ich über meine eigenen nach. Es stimmt, Neues und Bedeutsames habe ich nur von Menschen gelernt, die ganz anders waren als ich und immer habe ich dabei Wesentliches über mich selbst und meistens auch etwas über grundlegende Bedingungen des Miteinanders gelernt.

Ich weiß noch, wie ich mich von einer Freundin immer wieder auf vielfältige Weise benutzt und ausgenutzt fühlte. Erst habe ich es genossen, hilfreich und nützlich für sie sein zu können, aber dann ging es mehr und mehr auf meine Kosten, zeitlich, arbeitsmäßig und finanziell. Ich fühlte mich als ihr Opfer und war böse auf sie. Als mir bewusst wurde, dass sie vom Stamme „Nimm" und eben nicht vom Stamme „Gib" war und ebenso wie ich die Regel einer anderen Freundin befolgte, nämlich „Wenn man dir gibt, nimm, und wenn man dir nimmt, schrei!", konnte ich sie mit anderen Augen sehen.

Schließlich hatte ich zu ihren Erwartungen niemals Nein gesagt, sondern sie immer nur erfüllt. Ich habe begriffen, dass wir uns nicht wesentlich voneinander unterscheiden. Wir haben beide nicht auf die Balance geachtet zwischen dem, was sie, und dem, was ich in die Beziehung investiert haben.

Dann habe ich sie auf die fehlende Balance und das bestehende Ungleichgewicht angesprochen und sie hat mich um Entschuldigung gebeten. Sie hätte es einfach nur schön gefunden, so viel von mir zu bekommen, und das Ungleichgewicht sei ihr nicht aufgefallen.

Seitdem achten wir beide auf die Balance. Sowie eine von uns den Eindruck hat, zu kurz zu kommen, reden wir darüber, wie wir die Balance wieder herstellen können. Ich habe viel aus dieser Erfahrung gelernt.

Einige Erfahrungen dieser Art erzähle ich Valentino, aber er ist nicht beeindruckt. Stattdessen meint er, die Begegnungen zwischen Menschen, die sehr verschieden sind, würden oft ziemlich konfliktträchtig ablaufen. „Meistens führen sie leider nicht zu Lernprozessen", sagt er.

„Ja, leider", stimme ich zu, „obwohl es viele Möglichkeiten für solche Lernprozesse geben würde."

Valentino redet gleich weiter. „Du kennst doch das Paar, das im Erdgeschoss des gelben Hauses wohnt. Das ist das Haus gleich an der Ecke. Er ist ganz ordentlich und sie ist unordentlich. Ich kann von draußen hören, wie sie sich Vorwürfe machen. Neulich war es mal wieder typisch. ‚Kannst du nicht endlich mal deine Sachen wegräumen, musst du immer alles in der ganzen Wohnung verteilen', sagt er und sie sagt, ‚Du immer mit deiner zwanghaften Ordnung, ich hasse es, dass du mich dauernd erziehen willst'. Und anschließend herrscht meist schlechte Stimmung." Und dann fügt Valentino noch hinzu: „Menschen wissen einfach nicht, wie sie von der Andersartigkeit anderer Menschen etwas lernen können. Sie versuchen lieber, die andere Person zu ändern und die Kontrolle über die Situation zu übernehmen."

Ich versuche Gegenargumente zu finden, aber Valentino lässt mich nicht zu Wort kommen, sondern redet einfach weiter. Ich denke an die redselige Siamesin und denke, er hat viel von ihr gelernt.

„Du musst wissen, dass ich viel herumkomme und ein grauer Kater nicht sehr auffällt. Was ich da an Streitereien und an Versuchen beobachtet habe, die jeweils andere Person zu kritisieren, zu kontrollieren und zu verändern, das ist kaum zu glauben. Sie spielen das Täter-Opfer-Spiel, wie du das nennst, und werden dabei manchmal richtig gemein. Dabei lieben sie sich doch. Sagen sie wenigstens, wenn sie sich wieder vertragen haben."

„Valentino, ich glaube, ich brauche Zeit, um über diese ganzen Prozesse noch einmal gründlich nachzudenken", sage ich und er antwortet mir mit den Worten: „Nimm dir ruhig so viel Zeit, wie du brauchst, gleichgültig, wie lange es dauert. Ich weiß, du bist langsam. Das hat mich gelehrt, meine Schnelligkeit richtig wertzuschätzen und deswegen mag ich es, dass du langsam bist."

„Ach, Valentino, du bist immer so großzügig und so freundlich mit mir", sage ich – nur ein ganz klein bisschen ironisch – zu ihm und er sagt, was mich nicht überrascht: „Ja, ich weiß." Und dann schreitet er langsam in Richtung Terrassentür, in der Erwartung, dass ich ihm die Tür aufmache.

Ich weiß, er gibt mir damit wieder die Möglichkeit, mich nützlich und bedeutungsvoll zu fühlen und lächle so vor mich hin, während ich ihm die Tür öffne.

Über Beziehungen werde ich wohl noch öfter nachdenken, es ist ein „weites Feld".

13. Die Angst vor dem Andersartigem

Valentino erinnert mich an eines unserer letzten Gespräche, in dem es um „die Liebe zum Identischen" ging und fragt noch einmal nach. „Wenn doch alle Menschen voneinander verschieden sind und Menschen aber mit Andersartigkeit nicht besonders gut umgehen können, wie sollen denn Beziehungen zwischen Menschen eigentlich funktionieren?"

„Ich glaube, viele Menschen machen den Versuch, die Andersartigkeit von anderen gar nicht zur Kenntnis zu nehmen. Sie interpretieren einfach alles in ihrem Sinne und auf der Grundlage ihrer eigenen Erfahrungen – was anderes geht ja sowieso nicht – und versuchen damit, das von ihnen Abweichende für sich zum Verschwinden zu bringen. Und unser eigenes Gehirn ist daran aktiv beteiligt. Das Neue wird nur soweit als neu zugelassen, als es zu unseren bisherigen Erfahrungen passt."

„Das ist ja blöd, dann hat das Neue ja gar keine Chance. Wie soll man denn dann überhaupt etwas Neues dazulernen?", fragt Valentino

Aber er fügt nach kurzem Nachdenken hinzu: „Ich weiß, wie es geht. Wenn ich neugierig genug auf etwas Neues, Unbekanntes bin, dann fange ich an, es ganz vorsichtig zu erforschen. Ich betrachte es ganz genau, höre hin, rieche daran, tippe es vorsichtig mit meiner Pfote an und vielleicht lecke ich sogar ein bisschen daran, bis ich herausgefunden habe, ob es gefährlich ist oder nicht. Und dann erforsche ich es weiter und denke jeweils über das nach, was ich bei jedem einzelnen Schritt erfahren habe und so lerne ich es besser und besser kennen."

Während er redet, steigt meine Begeisterung darüber, wie wunderbar einfach er diesen Prozess beschreibt. Ich weiß es ja, Neugier ist der Anstoß für die Erforschung des Fremden, des Neuen, des Andersartigen. Bloß dazu ist es notwendig, auch neugierig sein zu können. Und leider wird vielen Kindern schon sehr früh ausgetrieben, neugierig zu sein. Ich erinnere mich auch noch an den Satz „Nun sei doch nicht so neugierig!", der mir sehr häufig gesagt wurde. Ich habe auch ganz oft die Sätze gehört „Das geht dich gar nichts an!", „Kümmere dich nicht um die Angelegenheiten fremder Leute!", „Das ist nicht dein Problem!" und ähnliche Aussagen, durch die ich aufgefordert wurde, anderen Menschen auf keinen Fall zu nahe zu treten.

Früher war ich ganz oft neugierig, aber ich hatte Hemmungen zu fragen. Das Wort „neugierig" enthält das Wort „ gierig", und „gierig" wollte ich weder für mich noch in den Augen von anderen sein. Damals wusste ich noch nicht, dass Menschen sowieso nur das denken können, was aus ihrem eigenen Inneren stammt und dass jede Aussage von ihnen stets nur ein Selbstausdruck ist.

Anders ausgedrückt: Mit allem, was ich zu anderen oder über andere sage, drücke ich nur etwas über mich selbst aus. Das war und ist sehr lehrreich für mich und ich kann immer wieder eine Menge über mich und meine Verhaltensmuster lernen, auch wenn nicht alles erfreulich ist.

Allerdings sind Menschen im Kindesalter meistens neugierig und ganz so leicht kann man ihnen die Neugier auch nicht austreiben. Auch ich bin inzwischen wieder so neugierig geworden, dass es manchen Menschen nicht gefällt.

„Ein Hemmnis gibt es allerdings", sage ich zu Valentino, „wenn ich das, was für mich neu, ungewohnt und andersartig ist, als ‚nicht normal', als ‚abartig', ‚böse' oder als ‚Sünde' bezeichne und meine eigenen Überzeugungen, Regeln, Verhaltensweisen usw. als ‚selbstverständlich' und als ‚richtig' betrachte…"

„Dann bist du ein Fundamentalist", unterbricht mich Valentino. Dann sagt er: „Für mich macht es keinen großen Unterschied, ob du behauptest, du wüsstest genau, wie man eine Geschirrspülmaschine einräumt, und nichts anderes gelten lässt, oder ob du die Ansicht hast, man könne über Strafen den Drogenkonsum von Jugendlichen kontrollieren, oder ob du denkst, man müsse mit Gewalt gegen Andersgläubige vorgehen: Die inneren Haltungen oder die zugrunde liegenden Strukturen sind sich ähnlich, nur die Inhalte und die Konsequenzen sind verschieden."

„Da stimme ich dir zu", sage ich, „die innere Haltung ist entscheidend. Gestehe ich dir das Recht auf deine eigenen Sichtweisen zu und du mir, dann können wir wahrscheinlich in Frieden miteinander leben."

Aber als Valentino sagt: „Nur was ist, wenn du mir das zugestehst, aber ich dir nicht?", ist meine erste schnelle Reaktion: „Dann haben wir ein Problem, dann gibt es Krieg. Keiner will sich einfach so unterwerfen."

Aber ich denke noch einmal darüber nach, so kann und darf es allerdings auch nicht sein. Was hat sich denn geändert? Die eine Person gesteht der anderen zu, sich selbstbestimmt und autonom zu verhalten, die andere nicht. Das ist doch auch nur ein Selbstausdruck. Und außerdem ein ziemlich häufiger.

Wirklich schwierig wird es erst dann, wenn eine Person ihre Vorstellungen mit Gewalt durchsetzen will. Grundsätzlich hat man mehrere Möglichkeiten: Sich unterwerfen und auf Änderung hoffen, sich gleichgültig machen und sich totstellen, flüchten oder der Gewalt ebenfalls Gewalt entgegensetzen und kämpfen.

Die letzte Möglichkeit allerdings führt immer zu eskalierenden Prozessen mit höchst ungewissen Ergebnissen.

Ich denke gerade an Menschen, die ihre Partner schlagen, wenn diese nicht so funktionieren, wie sie sollen. Da gibt es für diese zunächst auch nur diese vier Möglichkeiten: Kämpfen, sich unterwerfen, sich tot stellen oder flüchten. Leider ändert sich meist nichts von allein.

Während ich das alles mehr oder weniger laut vor mich hin und damit auch Valentino erzähle, sagt er plötzlich: „Du schweifst immer wieder ab. Ich finde, du könntest auch einmal daran denken, dass fundamentalistische Menschen ebenso Angst haben. Und vielleicht hat die Angst der fundamentalistisch eingestellten Menschen etwas mit ihrer Angst vor dem Neuen oder dem Andersartigen zu tun?"

„Vielleicht ja", sage ich, „es gibt sicher vielfältige Gründe, ein Fundamentalist zu werden, auf die will ich jetzt gar nicht eingehen. Einfacher zu verstehen ist sicher die Angst vor fundamentalistisch eingestellten Menschen: Wir Menschen sind soziale Wesen, wir wollen dazugehören. Und wenn Menschen sich herausnehmen, zu anderen zu sagen: ,Du bist anders, du denkst und lebst nicht richtig und deshalb gehörst du nicht dazu', dann macht das Angst."

Valentino sagt: „Also, das bedeutet doch, man müsste allüberall ein Plädoyer für die Vielfalt verbreiten und dabei deutlich machen, dass man nur mit Hilfe von Andersartigkeit etwas dazulernen kann.

Mit dem, was einem ähnlich ist, kann man nur das Eigene bestätigen. Nur aus dem, was neu und anders ist, kann man etwas lernen und das Eigene erweitern."

Ich nicke und bin mir bewusst, wie schwierig das sein könnte. „Nun lass man nicht gleich den Kopf hängen", sagt Valentino, „ich finde, wir sollten beide einfach einmal die Erfahrungen mit Neuem und Andersartigem zusammentragen, durch die wir etwas über uns selbst und über das Gegenüber gelernt haben."

„Valentino, das ist eine wunderbare Idee von dir", sage ich laut und heimlich zweifle ich daran, ob mir genug einfällt. Aber das werde ich ja dann sehen, sobald ich lange genug darüber nachgedacht habe.

Doch dann fällt mir die Liste ein, die ich nach meiner Scheidung gemacht hatte. Die Liste „Wovor ich alles Angst habe", in die ich alles eingetragen habe, wovor ich Angst hatte, aber andere Menschen offensichtlich nicht. Andere verreisten allein, konnten für sich eintreten, gingen allein am Abend in ein Restaurant oder in eine Bar, wiesen in der Öffentlichkeit stolz auf ihre Leistungen hin, trauten sich, allein in eine gemischte Sauna zu gehen, veröffentlichten stolz ihre Texte, standen für ihre Überzeugungen ein – auch gegen den Widerstand anderer – und vieles andere mehr. Sie waren anders als ich, sie trauten sich andere Dinge zu, sie verhielten sich anders, sie redeten anders und ich konnte von ihnen lernen.

Ich machte nacheinander alles, was auf meiner Liste stand. Für manches brauchte ich mehrere Anläufe oder die Ermutigungen von anderen. Und als ich alles, was auf der wirklich sehr langen Liste stand, wenigsten einmal gemacht hatte, fühlte ich mich viel freier und hatte den Eindruck, meine Welt war größer geworden.

Valentino hat ähnliche Erfahrungen gemacht und als wir eines Nachts zusammentrafen – er kam gerade von einem Ausflug zurück – saßen wir noch lange zusammen und tauschten unsere Erfahrungen aus. Er sagte: „Von einem rotbraunen Kater, der viel größer war als ich, habe ich gelernt, sehr eindrucksvoll zu drohen. Er konnte das wunderbar, er wurde dabei fast doppelt so groß und sein Schwanz doppelt so dick und er konnte sehr eindrucksvoll fauchen. Auch seine Angriffstechnik war sehr effektiv. Er hat mir gesagt: ‚Du musst deinen Angriff immer auf die Augen deines Gegners richten, da ist er am empfindlichsten und bekommt deshalb auch am schnellsten Angst.‘ Ich hätte mich das niemals ohne seine Anregung getraut, ich fand das einfach zu gemein und grausam. Aber inzwischen bin ich froh, dass ich weiß, auch ich kann gemein und grausam sein, wenn ich es will. Vorher hätte ich mir das nicht zugestanden.“

Wir schweigen beide vor uns hin, in Erinnerungen versunken. Dann sagt Valentino noch: „Ich habe nicht nur ‚Reden‘ von der redseligen Siamesin gelernt, ich habe auch erfahren, wie sich ‚Geliebtwerden‘ anfühlt. Und ich vermisse sie jeden Tag.“

Ich sage nichts dazu, aber ich beginne, ihn zu streicheln. Er lässt es sich gefallen – was er nicht immer tut – und fängt an zu schnurren.

14. Kontrollillusionen

„Irgendwie verstehe ich nicht, dass Menschen immer wieder glauben, sie könnten Lebewesen oder andere selbstorganisierende Systeme kontrollieren", sagt Valentino, „ich höre und sehe die abstrusesten Ideen in Bezug auf Kontrollmöglichkeiten in den Nachrichten, in den Talkshows und auch in anderen Sendungen. Alles ist voll davon. Keiner begreift, dass es sofort Chaos an einer anderen Stelle gibt, wenn man versucht, die Prozesse an einer bestimmten Stelle unter Kontrolle zu bringen. Die Prohibition in den USA vor langer Zeit oder die heute noch beobachtbaren Konsequenzen der Drogenpolitik zeigen das ganz deutlich. Du brauchst dir auch nur einmal den Umgang mit den Flüchtlingen anzusehen, eine Katastrophe nach der anderen. Man sollte mehr Vertrauen in die Prozesse haben. Das meiste regelt sich von allein. Die ganze Bürokratie macht doch alles nur schlimmer. Ich muss dir ehrlich sagen, allmählich halte ich Menschen wirklich für dumm." Valentino wirkt sehr enttäuscht.

Ich widerspreche ihm: „Ich denke nicht, dass wir Menschen dumm sind, aber viele weigern sich, die altgewohnten Sicherheiten aufzugeben, an die wir seit Jahrhunderten gewöhnt sind. Die meisten wollen die neuen Erkenntnisse in Bezug auf lebendige Systeme nicht akzeptieren. Wir waren derart erfolgreich mit unseren technischen Erfindungen, weil diese meistens gut kontrollierbar sind und uns deshalb Sicherheit versprechen. Sie sind berechenbar und beruhen auf einer klaren Beziehung zwischen Ursachen und Wirkungen. Und diese Erfahrungen haben wir einfach verallgemeinert. Das Neue ist dagegen wahrscheinlich viel zu verunsichernd, weil da die Möglichkeiten der Kontrolle an Grenzen stoßen."

Valentino schweigt und ich rede einfach weiter: „Wir haben uns leider angewöhnt, auch lebendige Systeme wie mechanische zu betrachten", sage ich, „und gehen deshalb auch davon aus, dass wir sie und auch uns selbst – genauso wie Autos oder andere Maschinen – kontrollieren können. Aber das ist eine Illusion. Lebendige Systeme sind anders und eben nicht kontrollierbar." Ich höre mich leider wieder einmal ziemlich belehrend an. Allerdings ist „Selbstorganisation" mein Lieblingsthema und ich rede dann oft einfach zu viel. Ich bin immer wieder froh, dass Valentino mir das nicht übel nimmt.

„Ich verstehe", fasst Valentino zusammen, „was man nicht kontrollieren kann, ist unberechenbar und das macht Angst."

„Stimmt genau, kein Lebewesen kann Unbestimmtheit und die damit zusammenhängende Unsicherheit leiden. Wir alle wollen so viel Sicherheit und Kontrolle wie möglich über uns und unser Leben haben."

„Das will ich auch", meint Valentino, „so viel wie möglich! Aber es gibt da eben eine Grenze, wie ich leider feststellen musste. Schließlich gibt es noch viele – Tiere, Menschen und andere Lebewesen –, die in ihren eigenen Wirklichkeiten leben und andere Interessen haben als man selbst. Und diese Grenze existiert sowieso, ob man sie akzeptiert oder nicht. Obwohl mir das gar nicht gefällt, bleibt auch mir – wie allen anderen – nichts anderes übrig als sie anzuerkennen. An dieser Grenze – auch zwischen uns beiden – endet der Versuch der Kontrolle, denn wenn du oder ich nicht auf die eine oder andere Weise zustimmen oder einfach auf Kontrollversuche nicht reagieren, dann ist der Versuch gescheitert. Das weiß ich aus eigener Erfahrung. Und nebenbei, ich finde das ganz gut!"

Ich nicke, denn einerseits weiß ich, dass Lebewesen nur offen sind für Energie und Materie, für alles andere sind sie geschlossen. Andererseits hätte ich gerne mehr Einfluss auf andere, ich schätze es, wenn andere das tun, was ich möchte. Anderen geht es wahrscheinlich ähnlich wie mir. Aber ich selbst will selbstverständlich, genau wie Valentino, nicht unbedingt das tun, was andere wollen. Offensichtlich ist das alles nicht so einfach.

Valentino bleibt eine Weile stumm, dann sagt er, es sei doch ganz schön hart zu akzeptieren, dass man die Erfüllung seiner Wünsche nicht erzwingen kann. Kontrollillusionen seien sehr schwer aufzugeben. Aber dann meint er: „In Bezug auf das Wetter schaffen wir es doch auch zu akzeptieren, dass wir es nicht ändern können, auch wenn es uns manchmal nicht gefällt. Und so ganz auf Sicherheit versessen sind die meisten Lebewesen doch nicht, dass wäre für sie einfach zu langweilig. Du hast doch selbst gesagt, Lebewesen sind neugierig und wollen etwas Neues oft auch erforschen. Nur weil das Neue eben auch gefährlich sein könnte, ist immer ein Risiko dabei. Man weiß ja nie und das kann doch auch richtig spannend sein."

Valentino redet immer weiter – ein Plädoyer für Unbestimmtes, die zugehörige Unsicherheit und für die menschliche Fähigkeit, damit umzugehen. Ich glaube fast, er will mich trösten. „Die meisten Menschen lieben Überraschungen", sagt er und sieht mich dabei an, „viele lieben das Abenteuer. Manchmal sind sie völlig fasziniert vom Ungewissen. Sie gucken sich doch auch Horrorfilme an und gruseln sich gern. Sie lieben spannende Filme, wo der Ausgang ungewiss ist. Viele lieben es auch, sich ganz gefährlichen Herausforderungen zu stellen. Deswegen denke ich, Menschen hätten eigentlich doch das Potential, sich mit der prinzipiellen Unkontrollierbarkeit selbstorganisierender Systeme anzufreunden."

Ich denke, das ist eine der wunderbaren Verhaltensweisen von Valentino, er bemüht sich stets, irgendwie etwas Positives zu finden, wodurch sich Lösungsmöglichkeiten andeuten.

Ich liebe ihn.

Allerdings bleibe ich innerlich skeptisch, was den Verzicht auf die gängigen Kontrollillusionen anbetrifft. Aber ich sage es ihm nicht. Ich denke darüber nach, welche Vorteile es für mich gehabt hat zu glauben, die anderen hätten meine Gefühle und Gedanken beeinflusst. Anders gesagt: Zu glauben, sie hätten die Macht gehabt, mich zu ihrem Opfer zu machen.

Ich erinnere mich noch, wie ich einmal aus den Ferien nachhause kam und meine Wohnung ziemlich schlimm aussah. Die weißen Bettüberdecken und einige der hellen Teppiche waren voller Flecken und ein ganzer Haufen schmutziger Bettwäsche lag im Badezimmer auf der Erde. In der Küche standen dreckiges Geschirr und stinkender Müll herum. Und an meiner Schreibtischlampe hatte jemand den Stecker abgeschnitten, um ihn wohl anderweitig zu verwenden. Ich war entsetzt.

Dann erfuhr ich, dass eine Freundin, der ich für den eventuellen Notfall während meiner Ferien einen Schlüssel zu meiner Wohnung gegeben hatte, ihn an mir völlig fremde Menschen weitergereicht hatte. Und diese hatten in der Zwischenzeit darin gewohnt.

Ich war empört und fühlte mich missbraucht. Ich war ein Opfer geworden und ich fühlte mich auch so. Ich habe meinen Eindruck, ausgenutzt und übergangen worden zu sein, nicht als Information für mein weiteres Verhalten genutzt und ich bin daher lange in der Opferposition stecken geblieben.

Ich bin nicht tätig geworden, ich habe die Freundin nicht mit ihrem Verhalten konfrontiert, ich habe keine Wiedergutmachung verlangt. Noch einige solche Ereignisse fallen mir ein, und ich weiß noch ganz genau, wie ich selbst passiv blieb und nur die anderen verurteilt habe. In meinen Augen waren sie böse, schlecht, gemein und hinterhältig und was auch immer. Ich war und blieb ihr **Opfer** und bin keine **Täterin** geworden. Stattdessen habe ich die Situation hingenommen und gelitten. Der Vorteil dabei war: Ich war nicht wie sie, ich war gut und unschuldig. Das habe ich damals wirklich gedacht!

Naja, niemand ist vollkommen. Auch ich darf mich irren. Irren ist menschlich, wie es so schön heißt.

Damals glaubte ich, es würde ausreichen, wütend auf die „Täter" sein und sie zu verurteilen, denn schließlich waren sie im Unrecht und ich im Recht.

Diese Untätigkeit und die gleichzeitige Vermeidung eigener – eventuell risikoreicher – Aktivitäten sind für einen selbst von Vorteil.

Statt mich zu wehren und mich damit den möglichen Aggressionen von anderen auszusetzen, habe ich mich damals entschieden, lieber Opfer zu bleiben.

Aber es gibt einen noch größeren Vorteil: Solange ich glaube, die anderen hätten mich geärgert, verletzt, verunsichert, krank, glücklich oder wahnsinnig gemacht oder zu irgendetwas gezwungen, dann gebe ich ihnen die Verantwortung für meine inneren Zustände und meine Verhaltensweisen. Ich bin – in meiner Wahrnehmung – nur das **Opfer** und die anderen sind die **Täter**. Ich habe keine Verantwortung mehr für das, was in meinem Leben geschieht. Das fühlt sich sehr entlastend an und viele Menschen bleiben daher ihr ganzes Leben in der Opferposition stecken.

Der nächste Vorteil könnte darin bestehen, dass ich – als das Opfer – mir das Recht nehme, mich gegen die Aggressionen der anderen zu wehren, meine Wut einfach zu agieren und sogar gewalttätig zu werden. Schließlich handle ich ja nur als Opfer der anderen und Notwehr ist gesellschaftlich akzeptiert. Meistens braucht man bei Notwehr für sich selbst keine negativen Folgen zu befürchten.

Ich könnte auch anfangen zu weinen, weil man mir so übel mitgespielt hat, und mir eventuell damit das Mitgefühl meiner Umgebung sichern. Es hat sich damals gut angefühlt, von anderen so etwas, wie „Oh, du Arme, das ist ja schrecklich, was ,die‘ mit dir gemacht haben" oder Ähnliches zu hören.

Ich schäme mich ein bisschen, wenn ich daran denke. Aber ich erzähle es trotzdem Valentino. Er sieht eben manches ganz anders als ich und ich kann dann mit seiner Hilfe seiner Argumente meine eigenen Gedanken entweder revidieren oder ergänzen.

Und prompt erfüllt er meine Erwartung. Er sagt: „Es muss doch auch Vorteile für die Täterrolle geben, sonst würden sich doch Menschen in Auseinandersetzungen nicht ständig abwechselnd einmal in die Opfer- und dann wieder in die Täterposition begeben."

Daran hatte ich noch gar nicht gedacht. „Und fallen dir irgendwelche Vorteile ein?", frage ich ihn.

„O ja, ich finde es toll, wenn meine Opfer denken, ich könne sie oder andere glücklich machen oder ärgern, ihnen Geborgenheit vermitteln oder sie verunsichern, sie in ihren Entscheidungen beeinflussen und vieles andere mehr. Ich kann es sehr genießen, Macht über andere zu haben."

„Aber so kenne ich dich gar nicht, Valentino", sage ich, aber er antwortet mir nur ganz lapidar: „Du kennst ganz vieles von mir noch nicht."

Erst bin ich erschrocken, weil ich nicht weiß, was er mir damit sagen will. Aber dann wird mir klar, dass Valentino gerade eine Selbstverständlichkeit ausgesprochen hat. Jeder von uns ist so komplex, dass wir tatsächlich jeweils immer nur einen kleinen Teil vom anderen kennen können und den sicher auch nicht sehr genau.

Valentino hat sich – während ich noch darüber nachdenke – auf einen seiner Schlafplätze zurückgezogen.

Ich denke noch weiter nach. Seit vielen Jahrhunderten glauben wir daran, dass wir diese Macht der gezielten Beeinflussung über andere Menschen haben und dass andere uns in gleicher Weise kontrollieren können. Dieser Glaube bewirkt, dass wir unsere Mitmenschen immer auch als potenzielle Feinde ansehen, die uns – einfach so – schaden können.

Dadurch geraten wir sehr leicht in den Prozess, von dem Valentino gesprochen hat, nämlich in eine Täter-Opfer-**Dynamik**.

Dabei nehmen wir abwechselnd die Opfer- und dann wieder die Täter-Position ein.

Am nächsten Morgen erzähle ich Valentino von meinen Gedanken und frage ihn, warum wir beide uns eigentlich bisher nicht gestritten und uns auch nicht in eine Täter-Opfer-Dynamik verwickelt hätten.

Er meint, es wäre einfach nicht nötig gewesen. „Wie meinst du das?", frage ich ihn. „Du weißt doch noch", sagt er, „welche Bedeutung die Wunscherfüllungen haben. Ich denke, es kommt zu dieser Täter-Opfer-Dynamik wegen unerfüllter Wünsche, vor allem wegen unserer existenziellen Wünsche an andere. Wenn man nun aber die Illusion hat, man könne den anderen doch noch irgendwie zu einer Wunscherfüllung zwingen, fängt man an zu kämpfen.

Zwischen mir und dir spielen unerfüllte existenzielle Wünsche nur eine ganz geringe Rolle und bei den anderen Wünschen sage oder zeige ich dir, was ich will, und auch diese erfüllst du mir meistens."

„Das sagst du so einfach, aber es geht ja nicht nur um deine Wünsche, sondern auch um meine", wende ich ein.

Da sagt Valentino doch tatsächlich: „Nein, für mich geht es nur um meine Wunscherfüllungen."

Irgendwie bin ich irritiert.

„Vielleicht verwechselst du Wünsche und Wunscherfüllungen", versucht mir Valentino hilfreich nahezulegen.

Ich denke nach. Für meine Zufriedenheit zählen tatsächlich auch nur die Wunscherfüllungen und ich kann jetzt Valentinos Aussage verstehen.

„Das Problem sind also die unerfüllten Wünsche, oder?", frage ich.

Aber Valentino verneint das. „Unerfüllte Wünsche gibt es den ganzen Tag. Das Problem ist, wie man damit umgeht, wenn ein Wunsch nicht erfüllt wird. Wenn man an einem unerfüllten Wunsch festhält, fängt man meistens an zu kämpfen und begibt sich in eine Täter-Opfer-Dynamik. Oder es passiert Schlimmeres." Und dann fügt er noch hinzu: „Man sollte einfach akzeptieren, dass der Wunsch nicht erfüllt wurde."

Dabei fällt mir ein, dass im Buddhismus die ‚Anhaftung an Wünsche' als problematisch und leiderzeugend betrachtet wird. Und ich erinnere mich an meine verschiedenen eigenen ‚Leiden', weil ich unbedingt wollte, dass meine Wünsche erfüllt wurden.

„Fehlende Wunscherfüllung zu akzeptieren, ist sehr schwer", sage ich, „wieso sagst du das so gelassen?"

„Ich glaube, hier spielt der Unterschied zwischen uns beiden eine entscheidende Rolle. Ich bin ein Kater und habe seit Beginn meines Lebens geübt, das zu akzeptieren. Mal fängt man die Maus, mal nicht. Mal wird ein Wunsch erfüllt, mal nicht. Es kommt nur auf die Balance an, ob man es gut aushalten kann.

Aber du – als Mensch – hast Zeit deines Lebens gelernt, dass die Ablehnung eines Wunsches etwas mit dir als Person zu tun hat – obwohl das nicht stimmt – und dass du das Recht und auch die Macht hast, Wunscherfüllungen zu erzwingen. Das ist sozusagen dein kulturhistorisches Erbe als Mensch und das haben wir Katzen nicht."

„Das hast du aber ziemliches Glück gehabt", sage ich, „ein kulturhistorisches Erbe wird von Generation zu Generation weitergegeben und hält sich leider ziemlich hartnäckig. Das merke ich vor allem an meinen eigenen Kontrollwünschen und an meiner immer wiederkehrenden Illusion, ich könnte aktiv etwas an der inneren Verfassung oder den Intentionen von anderen Menschen ändern. Wie oft will ich, dass andere Menschen sich anders verhalten, als sie es tun, und wie oft versuche ich dann zu erreichen, dass sie ihr Verhalten ändern. Es fällt mir immer wieder schwer, einfach zu akzeptieren, dass sie eben anders sind und vieles anders machen wollen als ich."

„Bei mir hast du es ja auch versucht", sagt Valentino, „nur hast du schnell gemerkt, dass du dich dabei vergeblich anstrengst, und dann hast du es gelassen, unter dem Motto „Naja, er ist eben ein Kater!". Wäre ich ein Mensch, hättest du dich wahrscheinlich viel länger und intensiver angestrengt und vielleicht hättest du sogar angefangen, an dir zu zweifeln. Oder du hättest dich verletzt oder ärgerlich gefühlt und vielleicht hättest du geweint oder wärest wütend geworden, weil ich so gemein zu dir gewesen wäre, dir deine Wünsche nicht zu erfüllen."

Und dann fügt er noch – irgendwie amüsiert – hinzu: „Es hätte sich wahrscheinlich eine schöne Täter-Opfer-Dynamik zwischen uns beiden entwickelt."

Es stimmt. Weil er ein Kater ist, konnte ich von Anfang an seine Andersartigkeit leichter akzeptieren.

„Ach, Valentino", sage ich zu ihm und streichele ihn dabei, „ich liebe dich dafür, dass du so anders bist. Ich habe viel von dir gelernt und ich danke dir. Ich fühle mich wirklich bereichert."

„Das ist immer ein wechselseitiger Prozess", sagt Valentino, „ich danke dir auch."

Wir sind beide ein bisschen gerührt, ich vielleicht ein bisschen mehr als

Valentino, aber ich weiß es nicht genau und dann sitzen wir beide noch eine Zeitlang auf dem Sofa und sehen fern, bevor ich schlafen gehe. Valentino dagegen ist auf Abenteuer aus und geht nach draußen.

15. Die Grenze des Kontakts

„Wenn jeder Mensch anders ist als jeder andere, wieso können sie sich dann überhaupt verstehen?", fragt Valentino. „Jede Katze ist doch auch anders als jede andere", frage ich zurück, „wie versteht Ihr euch denn untereinander?"

„Wir haben verabredete Signale, wie z. B. Fauchen, Schnurren, alle möglichen leisen und lauten Töne oder Bewegungen mit dem Schwanz, den Ohren, den Pfoten und dem ganzen Körper. Damit teilen wir uns den anderen mit. Wenn wir diese Signale hören oder sehen, glauben wir meistens, schon ungefähr Bescheid zu wissen, worum es bei dem Gegenüber geht. Aber auch Katzen können etwas verbergen oder lügen. Und da ich sowieso nie genau wissen kann, was bei einer anderen Katze los ist, werde ich sie fragen oder auf eine andere Weise versuchen herauszufinden, ob meine Vermutung zutreffend ist."

„Und wie ist es mit Hunden und anderen Tieren? Was denkst du?", frage ich weiter nach.

„Ähnlich – und wenn ich die Signale nicht kenne, kann ich nur versuchen herauszufinden, was sie bedeuten. Und außerdem – das sagst du doch immer – gibt es die Spiegelneuronen, mit deren Hilfe es Simulationen im eigenen Inneren gibt, die einen darauf hinweisen, was das Gegenüber vielleicht fühlt oder will. Aber es bleiben natürlich immer nur Vermutungen."

Und dann fügt Valentino noch hinzu: „Aber ich verstehe gar nicht, weshalb du das fragst, bei Menschen läuft das doch ähnlich ab."

„Zwischen Menschen ist es oft sehr schwierig", sage ich, „viele Menschen denken, sie verstünden die Signale der anderen Person ganz genau, und meinen, sie wüssten dann Bescheid. Sie interpretieren das, was sie hören und sehen, und denken dabei nicht daran, dass jede Interpretation nur eine Phantasie ihrer selbst ist.

Und dann kommt noch hinzu, dass viele Menschen das, was andere Menschen sagen und tun, auf sich beziehen. Du dagegen weißt, dass du – ebenso wie jedes andere Lebewesen – mit jeder Äußerung nur dich selbst und deine Wünsche ausdrückst.

Menschen wollen immer, dass es viel mehr ist als nur ein Selbstausdruck. Sie wollen viel mehr sein als nur die Empfänger der Wünsche von anderen. Sie wollen, dass die anderen ihnen ihre Wünsche erfüllen. Ich glaube, deshalb beziehen sie den Selbstausdruck einer anderen Person so oft auf sich selbst, als seien sie gemeint."

Valentino wirkt nachdenklich. „Also, als ich so verliebt in die redselige Siamesin war, habe ich mich ähnlich verhalten. Ich habe alle ihre Lebenszeichen, wie sie guckte, ob sie den Schwanz rechts um sich herum gelegt hatte oder links herum, wie sie sich ihre Lippen leckte, kurzum alles so interpretiert, als sei ich gemeint. ,Sie findet mich toll', ,Sie will nichts von mir wissen', ,Sie mag die Art, wie ich schnurre', ,Sie findet mich begehrenswert', ,Sie will mich nur hinhalten' usw. All das habe ich gedacht." Und nach einer kleinen Pause fügt er noch hinzu: „Es war furchtbar, wie die Gedanken sich in meinem Gehirn gegenseitig gejagt haben, aber ich war zu feige, sie zu fragen, ob sie mich gut genug findet, um mit mir eine zeitlich begrenzte erotisch-sexuelle Beziehung einzugehen und gemeinsame Kinder zu produzieren. Dann habe ich gedacht, so eine Aussage klingt ja auch wirklich nicht sehr romantisch. Deshalb habe ich dann etwas anderes versucht. Ich habe mich ihr auf eine zärtliche Weise genähert und sie sich mir auch. Das fanden wir offensichtlich beide schön. Und dann brauchten wir nicht mehr darüber zu reden, sondern haben gehandelt. Ich denke heute noch gerne daran."

„Wie schön für dich und wie schade, dass sie jetzt so weit weg wohnt", sage ich zu ihm und streichele ihn ein bisschen. Und dann füge ich hinzu: „Ich glaube, Valentino, wenn man sich unsicher fühlt, bezieht man sehr leicht die Aussagen von anderen auf sich. Du denkst, sie meinen dich und reden über dich, dabei ist es immer nur ihr Selbstausdruck. Und bei dir kommen nur die Schallwellen an, die sie beim Sprechen produzieren. Alles andere sind eben nur Interpretationen aus dem eigenen Inneren."

Und etwas beschämt denke ich daran, dass ich früher, wenn andere in meiner Gegenwart gelacht haben, auch gedacht habe, sie würden über mich lachen.

Zu Valentino sage ich: „Es ist noch nicht lange her, da habe ich alle negativen Botschaften auf mich persönlich bezogen und geglaubt, es seien Aussagen über mich. Die positiven habe ich nicht einmal gehört. Wie gut, dass ich es heute besser weiß."

„Da bin ich aber auch froh", meint Valentino und dann fragt er weiter: „Du sagst doch immer wieder, jeder würde nur sich selbst ausdrücken. Nicht nur, wenn eine Person jemanden anredet, sondern auch dann, wenn sie über jemanden redet.

Wenn du aber alles als Selbstausdruck bezeichnest, wo bleibt dann das Miteinander? Irgendetwas habe ich dabei nicht verstanden."

Valentino lässt nie locker. Wenn er etwas verstehen will, fragt er solange nach, bis er den Eindruck hat, nun wüsste er genügend Bescheid.

„Ich denke, es ist vielleicht auch nicht wirklich zu verstehen, wie das mit dem Miteinander funktioniert. Wir wissen heute über selbstorganisierende Systeme immer noch nicht sehr viel, weil sie so komplex sind. Und das gilt auch für unser Gehirn. Und **wie** wir aus den materiellen und energetischen Botschaften in unserem eigenen Inneren unsere besonderen persönlichen Informationen machen, ist im Grunde kaum bekannt. Wir wissen häufig nur, **wo** im Gehirn bestimmte Informationen erzeugt werden."

Und da ich schon beim Erklären bin und Valentino nicht protestiert, mache ich einfach weiter: „Informationen, wie z. B. gesprochene Worte und Sätze, kommen nur als Schallwellen beim Ohr einer anderen Person an. Diese Schallwellen werden über komplexe Prozesse im Ohr und im Gehirn – also im Inneren der hörenden Person – in eigene Informationen umgewandelt. Wir hören nur das, was wir hören, aber nicht unbedingt das, was gesagt wird."

Jetzt werde ich doch unsicher, deswegen frage ich Valentino: „Ich glaube, ich habe dir das schon einmal erzählt. Soll ich trotzdem weiterreden?"

Er nickt nur und ich fahre fort: „Ähnliches gilt für alles, was wir sehen. Auch hierbei werden die in unseren Augen ankommenden elektromagnetischen Wellen in unserem Gehirn weiterverarbeitet. Was schließlich bei diesen internen Verarbeitungsprozessen herauskommt, ist das, was wir letztendlich bewusst wahrnehmen. Und das bedeutet, dass außer Energie und Materie sich nichts durch die Grenze zwischen dir und mir bewegen kann.

Zwischen allen selbstorganisierenden Systemen gibt es diese Art von Grenze, sie ist nur offen für einen Durchfluss von Energie und Materie. Aber genau durch diesen Durchfluss sind alle selbstorganisierenden Systeme auch miteinander verbunden und in ständiger Wechselwirkung."

Ich halte inne und fühle mich wieder unsicher. „War das jetzt zu abstrakt und zu kompliziert?", frage ich Valentino.

„Das kann ich jetzt noch nicht sagen", sagt er zu mir, „ich glaube, ich brauche ein paar Beispiele."

„Morgen", sage ich zu ihm, „vielleicht sind mir bis morgen welche eingefallen. Im Moment weiß ich auch keine."

Ich gehe in die Küche, weil ich noch das Geschirr abwaschen und für Valentino eine Büchse aufmachen will. Valentino läuft aufgeregt vor mir her. Er hat offensichtlich Hunger oder zumindest Appetit. Anschließend werde ich Beispiele dafür suchen, durch die deutlich wird, dass es diese Grenze gibt und dass sie nur offen für Energie und Materie ist und für alles andere geschlossen. Neurophysiologisch scheint nichts anderes möglich zu sein. Unser Wahrnehmungssystem ist auf diese Daten aus Energie und Materie angewiesen und verarbeitet sie intern. Aber erlebbare Beispiele dafür zu finden, scheint schwieriger zu sein.

Ich habe fast die halbe Nacht wachgelegen. Ich habe hin und her gedacht und dabei ist mir immer deutlicher geworden, dass ich keine Beispiele für die Undurchdringlichkeit dieser Grenze finden kann. Die einzigen Beispiele, die mir einfallen, sind die vielen Missverständnisse zwischen Menschen und die Erfahrung, dass Interpretationen der Aussagen oder des Verhaltens von anderen immer nur auf den eigenen Erfahrungen beruhen.

Zu den Missverständnissen fällt mir eine Reihe von Beispielen ein. Vor ein paar Tagen erzählte eine Freundin von den Problemen, die sie mit ihrem Freund hat. Sie ist sehr fürsorglich und er hat ihr das vorgeworfen. Sie sagte zu mir: „Ich habe das doch nur getan, weil ich ihn entlasten wollte, und er hat mir vorgeworfen, ich würde ihm das wohl nicht zutrauen."

Ein Bekannter sagte neulich in meinem Beisein: „Ich habe nur zu ihr gesagt, es sei ihre Entscheidung, und daraufhin hat sie mir vorgeworfen, dass es mir offensichtlich nicht wichtig wäre, etwas mit ihr zusammen zu machen."

Ein weiteres Beispiel von einer Freundin fällt mir ein. Sie schien sehr traurig zu sein und erzählte mir: „Mein Freund will mit mir vierzehn Tage auf der Insel Bora-Bora Strandurlaub machen. Er meint, dass sei etwas ganz Besonderes und ziemlich teuer und er wolle mir damit eine Freude machen. Ich weiß nicht, wie oft ich ihm schon erzählt habe, ich sei so gar kein Strand-Meer-Mensch, er vergisst es sofort wieder. Es ist, als hätte ich es nie gesagt. Und nun will er mir eine Freude mit einem Strandurlaub machen. Ich habe gedacht, ich höre nicht recht. Aber ich habe meinen Ärger heruntergeschluckt und stattdessen gesagt: ‚Vielen Dank. Das ist sehr lieb von dir. Nur wenn du mir eine Freude machen möchtest, dann fliege mit mir für ein paar Tage nach New York'. Da ist er sofort sauer auf mich geworden und hat doch tatsächlich behauptet, ich würde nur deshalb nicht mit ihm nach Bora-Bora fliegen, weil ich ihn langweilig fände. Ich würde ihn nicht mehr lieben und wenn ich ihn nicht mehr wolle, könne er auch gehen. Dann ist er aus dem Zimmer gerannt und hat die Tür zugeschlagen. Ich war sprachlos." Und dann fing sie an zu weinen.

Sie tat mir sehr leid. Und ich konnte sie nicht einmal trösten.

Es fallen mir noch mehr Geschichten ein. Ein Freund leidet immer wieder darunter, dass seine Freundin alle ihre schlechten Männererfahrungen auf ihn projiziert und dann so Sachen sagt, wie: „Na, du bist doch auch nicht anders als andere Männer, wenn ich nicht so aufpassen würde, wärest du doch schon längst mit einer anderen im Bett. Ich sehe doch, wie du den jungen, schlanken Frauen hinterherguckst. Dann sage es mir doch wenigstens direkt, dass du sie attraktiver findest als mich." Er kann ihr noch so oft versichern, dass er sie liebt und begehrt, dass er sich für andere Frauen gar nicht interessiert, weil er nur sie wolle, aber es nützt ihm nichts. Sie glaubt es ihm nicht.

Und ich denke daran, wie oft ich selber schon vergeblich versucht habe, andere von etwas zu überzeugen. Ich konnte einer Freundin, die sich zu dick findet, nicht vermitteln, dass sie eine wunderschöne Figur hat. Eine andere ist trotz aller meiner Versuche, sie davon abzubringen, immer noch davon überzeugt, dass sie eigentlich nicht denken kann.

Es ist offensichtlich so, dass man Menschen nicht von etwas überzeugen kann, wenn sie das nicht wollen oder nicht können, weil ihre gelernten Muster sie daran hindern.

Sie fühlen, was sie fühlen, sie denken, was sie denken, und sie tun, was sie tun. Ich habe keinen Einfluss darauf, außer sie gestehen mir eine Wirkung auf sie zu. Und das ist allein ihre Entscheidung.

Nur wenn Menschen Angst haben oder wichtige Wünsche erfüllt haben wollen, sind sie bereit, auf ihr eigenes Wollen ganz oder teilweise zu verzichten und sich dem Willen von anderen zu unterwerfen.

Dies ist den meisten Menschen bekannt und wird auch entsprechend ausgenutzt. Denn wenn es um die Erfüllung eigener Wünsche geht, versuchen sich Menschen oft mit allen Mitteln durchzusetzen. Und Menschen haben viele Wünsche, sie wollen Macht, Liebe, Anerkennung, Geld, Einfluss und vieles andere mehr.

Als ich Valentino am nächsten Nachmittag wiedertreffe, frage ich ihn, ob er Beispiele für diese Grenze zwischen den einzelnen Lebewesen, die nur durchlässig für Materie und Energie ist, gefunden hat.

Er sagt mir, er hätte auch nachgedacht. Beispiele seien ihm keine eingefallen. Aber er fände die Existenz dieser Grenze vollständig einleuchtend,

Ich wundere mich: „Wieso findest du die Existenz dieser Grenze einleuchtend? Die meisten Menschen, die ich kenne, denken das überhaupt nicht."

„Ich habe darüber nachgedacht, wie wir überhaupt etwas von dieser Welt erfahren. Nämlich nur durch die Zusammenarbeit unserer Sinne. Die Erfahrungen, die dadurch zustande kommen, sind von Lebewesen zu Lebewesen unterschiedlich, schon weil wir biologisch verschieden sind. Und das bedeutet doch, dass alles, was die Sinne aufnehmen können, immer intern verarbeitet werden muss und zwar von jedem Lebewesen anders, oder? Deswegen finde ich die Existenz dieser Grenze so einleuchtend."

„Und außerdem", fügt Valentino dann noch hinzu, „du weißt ja, dass mir die Vorstellung ein Graus ist, irgendjemand anderes könnte in meinem Seelenleben herumwühlen, meine Gefühle verändern, meine Körperempfindungen beeinflussen oder sonst irgendetwas ohne mein Zutun mit mir anstellen. Diese Grenze bedeutet für mich Sicherheit, sie ist wie ein Versprechen, dass das nie passieren kann. Allein deswegen glaube ich ganz fest daran, dass es sie gibt."

„Es schon merkwürdig, dass diese Vorstellung, jemand könne in dich eingreifen und irgendetwas mit deinen Gefühlen und Gedanken anstellen, für dich so schrecklich ist, während viele Menschen die Existenz dieser Grenze nicht wahrhaben wollen", sage ich.

Valentino sagt: „Ich habe eine Idee, warum das so ist. Also, wenn ich mir vorstelle, ich kann andere glücklich machen oder ihnen Angst einjagen, ich kann sie ärgern und verletzen oder ihnen Geborgenheit und Sicherheit verschaffen, das fühlt sich für mich richtig gut an. Ich würde mich selber ziemlich sicher und mächtig fühlen. So als könnte ich zaubern. Geradezu magisch!"

Ich lache. „Ja, das kann ich mir vorstellen. Man kann anderen etwas Gutes tun oder aber auch sie bestrafen! Ganz toll. Aber was ist, wenn man auf der anderen Seite ist? Sozusagen der Empfänger der Beeinflussung oder der Manipulation?"

Valentino ist gleich wieder empört. „Ich habe dir ja gesagt, ich kann den Gedanken, jemand pfuscht an und in mir herum, nicht ertragen. Deswegen bevorzuge ich ja die Vorstellung von der Grenze, durch die nichts als Materie und Energie hindurchgeht. Dann bin ich wenigstens auf der sicheren Seite."

„Ich bevorzuge diese Vorstellung ebenfalls. Das Modell der Selbstorganisation hat große Vorteile. Man hat zwar keine Macht und keine Kontrolle über die anderen, aber dafür haben die anderen auch keine Macht und keine Kontrolle über einen selbst.

Keine magischen Kräfte mehr, weder für einen selbst noch für die anderen."

„Also, wenn ich wählen könnte", sagt Valentino, dann würde ich das Macht- und Kontrollmodell für mich selbst wählen und den anderen das Modell mit der Grenze überlassen. Dann hätte ich die Kontrolle und die Macht über die anderen, aber sie keine über mich. Das würde mir gefallen." Aber dann stutzt er und sieht mich an.

„Beides zusammen geht wohl nicht, oder?"

Ich grinse ein bisschen und denke, diese Möglichkeit wäre tatsächlich nicht schlecht, man muss es ja mit der Macht über die anderen und der Kontrolle über sie nicht gleich übertreiben. Aber ich weiß genau, beides kann man nicht haben. Was für einen selbst gilt, gilt auch für die anderen. Und dann sage ich ein bisschen bedauernd zu Valentino etwas, das er sowieso schon weiß. „Ich stimme dir zu, beides geht nicht."

Wir schweigen noch ein bisschen vor uns hin. Dann nehme ich mir ein

Buch und fange an zu lesen und als ich zu Valentino blicke, sieht er so aus, als sei er eingeschlafen. Aber das bedeutet nicht, dass er wirklich schläft.

16. Autonomie

Ich denke über das Gespräch mit Valentino in Bezug auf die Grenze zwischen den einzelnen Lebewesen noch einmal nach. Dabei merke ich, dass ich unzufrieden bin über die Einschränkungen, die mir und anderen im Rahmen dieses Modells über selbstorganisierende Systeme auferlegt werden.

Was ist denn mit den vielen wichtigen Wünschen, deren Erfüllungen die anderen einfach verweigern. Das kann man doch nicht so hinnehmen, nur weil man andere angeblich nicht zwingen kann. Vielleicht gibt es ja doch irgendwelche Möglichkeiten?

Während ich noch mit den offensichtlichen Bedingungen selbstorganisierender Systeme hadere, wird mir bewusst, dass ich alles, was ich für mich an Privilegien beanspruche, auch anderen Menschen zugestehen müsste.

Das meine ich keineswegs moralisch. Es ergibt sich aus den biologischen bzw. neurophysiologischen Gegebenheiten von Lebewesen.

Deshalb muss ich leider wieder einmal feststellen: Die grundlegenden Prinzipien, die für mich gelten, gelten auch für die anderen.

Valentino schläft noch, zumindest liegt er zusammengerollt und regungslos in der Mitte des Teppichs in meinem Arbeitszimmer. Ich würde gerne von ihm wissen, ob er auch so ähnliche Probleme hat wie ich. Neulich hat er ganz lapidar gesagt: „Entweder ich fange die Maus oder ich fange sie nicht." Aber ich habe ihn nicht danach gefragt, wie er sich dabei fühlen würde, wenn er immer wieder die Maus nicht fangen würde. Wahrscheinlich würde er sagen, dann müsse er seine Jagdtechniken verbessern.

Es bleibt also eine unbeantwortete Frage, wie man mit unerfüllten Wünschen umgehen kann, wenn es – wegen der Unkontrollierbarkeit selbstorganisierender Systeme – keine Möglichkeit gibt, die Wunscherfüllungen zu erzwingen, wenn das Gegenüber nicht will.

Als ich zu Valentino sehe, bemerke ich, dass seine Augen ein bisschen offen sind und er mich beobachtet. „Bist du mit irgendetwas unzufrieden?", fragt er mich. Es ist schon erstaunlich, wie gut offensichtlich auch bei Katzen die Spiegelneuronen funktionieren. Valentino weiß auch gut mit den Informationen seiner Spiegelneuronen umzugehen. Er sagt nicht zu mir: „Nun guck doch nicht so unzufrieden." Nein, er fragt mich.

Er denkt nicht, er sei das Opfer meiner inneren Unzufriedenheit. Er weiß, dass ein Gefühl, welches er unerwartet ganz plötzlich in sich spürt, möglicherweise eine Information ist und widerspiegelt, wie es seinem Gegenüber gerade geht. So merkt er es, dass ich mich gerade unzufrieden fühle

Und er ist so nett, mich zu fragen, ob seine Interpretation zutrifft. Ich schätze es sehr, dass er immer nachfragt, ob ich seinen Interpretationen – die ja aus seinem Inneren kommen – zustimme oder nicht.

„Valentino, ich finde dich wunderbar", sage ich zu ihm, „und es stimmt, ich fühle mich irgendwie unzufrieden."

Dann erzähle ich ihm, warum ich nicht zufrieden bin. Er meint nur, dass sei doch normal, niemand könne bei dem Gedanken, die eigenen Wünsche würden nicht erfüllt und man könne nichts dagegen tun, zufrieden sein. „Ein durchaus adäquates Gefühl", meint er, „man darf nur nicht darin hängen bleiben, sondern sollte etwas unternehmen, um wieder zufrieden zu werden."

„Wie meinst du denn das?"frage ich nach. „Naja, als Erstes würde ich versuchen, den Wunsch doch noch erfüllt zu bekommen."

„Und wie würdest du das machen?"

„Das weißt du doch", meint Valentino, „mit Wuscherfüllungen für die anderen, z. B. mit Komplimenten, Geschenken und so – oder mit Drohungen oder auch mit Gewalt."

„Aber Valentino, das kann man doch nicht machen."

„Doch", sagt er, „ich kann." Aber dann fügt er zu meiner Beruhigung hinzu: „Aber ich würde das nicht immer machen, es muss mir schon sehr wichtig sein. Und außerdem, auch mit Gewalt gelingt es mir nur, wenn die anderen sich nicht erfolgreich wehren können. Wirklich zwingen kann man sowieso niemanden."

Und weil er offensichtlich merkt, dass ich doch etwas irritiert bin, ergänzt er seine bisherige Aussage noch und sagt: „Du kannst auch drohen und Gewalt anwenden. Ich glaube, alle Lebewesen können das auf irgendeine Weise. Es gehört zu unserer gemeinsamen biologischen Ausstattung, es ist wichtig für unser Überleben."

Ich überlege. Was Valentino sagt, macht Sinn. Und nicht nur Sinn, es entspricht auch meinen Erfahrungen. Wie oft habe ich selbst mit Schmeicheleien, Komplimenten, Versprechungen und Angeboten verschiedener Art, aber auch mit Drohungen, versucht, dass ein anderer Mensch mir einen wichtigen Wunsch erfüllt. Waren das dann nicht doch sowohl ein gezielter und erfolgreicher Einfluss, als auch gleichzeitig mein Erfolg?

Aber Valentino weist mich sehr schnell und effektiv auf meine darin verborgene Illusion hin. „Du könntest mit allem Möglichen versuchen, mich zu verführen, dir einen Wunsch zu erfüllen. Wenn ich nicht will, wird es dir nicht gelingen.

Und wenn du behauptest, du hättest mich verführt, würde ich dir widersprechen. Ich habe mich lediglich einverstanden erklärt, dein Angebot anzunehmen."

„Und wie ist es mit Drohungen und Gewalt?", frage ich doch noch einmal nach.

„Im Grunde ähnlich. Wenn mir jemand droht, mir etwas vorzuenthalten oder mir etwas anzutun oder gewalttätig wird, kann ich doch auch entscheiden, ob ich meiner Angst nachgeben oder mich weiter verweigern will."

„Ich glaube, es ist komplizierter", sage ich, „wenn jemand dir gegenüber gewalttätig wird, hast du doch meistens gar keine Entscheidungsmöglichkeit mehr. Im Zweifelsfalle bist du schwer verletzt oder sogar tot."

Aber Valentino meint: „Bei Gewalt ist es nur schwerer. Ich würde in solch einer kritischen Situation immer so schnell wie möglich flüchten. Aber leider geht das nicht immer. Und ich weiß, es gibt immer wieder Lebewesen – auch Menschen –, die lieber sterben, als sich zu unterwerfen."

Nach einiger Zeit sagt er noch: „Was ich tun würde, weiß ich allerdings im Moment nicht. Ich denke, das hängt von der Situation ab."

Ich bleibe stumm und denke weiter nach. Ganz so einfach, wie Valentino es sieht, kann es nicht sein. Und dann fallen mir die Untersuchungen über den Konformitätsdruck ein. Es ist wohl für Menschen ganz besonders schwer, bei den eigenen Entscheidungen zu bleiben, wenn die Zugehörigkeit zu anderen Menschen beziehungsweise zu einer Gruppe gefährdet zu sein scheint. Menschen sind vor allem soziale Wesen. Katzen haben da wohl eher die Wahl zwischen dem Leben als Einzelgänger oder einem Leben in einer Gruppe.

„Valentino, ich glaube, wenn Drohungen oder Gewalt im Spiel sind, ist es für Menschen – als immer in Gruppen lebende Wesen – nicht so einfach, sich gegen die Ansprüche von anderen zu entscheiden. Vielleicht ist es für dich als Kater in dieser Hinsicht etwas einfacher."

Valentino stimmt mir zu und meint: „Ich habe es insgesamt leichter als du. Du verbietest dir doch selbst jede Art von Aggression und findest deshalb, dass auch andere Drohungen und Gewalt nicht einsetzen dürfen, um ihre Wünsche durchzusetzen."

„Ja, das darf man nicht, das finde ich unfair."

Wenn Valentino lachen könnte, würde er jetzt lachen. Jedenfalls macht er deutlich, dass er diese Bemerkung von mir irgendwie komisch findet.

„Ich glaube, dass sich im Zweifelsfalle niemand dafür interessiert, ob du das fair findest oder nicht. Die meisten tun es einfach, je nachdem, wie wichtig ihnen ihre Wünsche sind. Ich ja auch. Meinst du, eine Maus erfüllt mir freiwillig meinen Wunsch, sie zu fressen? Nein! Ich setze meinen Wunsch mit Gewalt durch und die Maus überlebt es nicht, weil ich stärker bin."

Mir wird klar, dass ich mir das so noch nicht bewusst gemacht habe. Stattdessen habe ich Menschen, die die Erfüllung ihrer Wünsche mit Drohungen oder sogar mit Gewalt durchsetzen wollten, abgelehnt und verurteilt. Dabei ist doch weit verbreitet, dass Menschen einander drohen, um zu bekommen, was sie wollen. Wir drohen ja sogar unseren Kindern und manchmal wenden wir auch Gewalt an. Wir tun uns alle schwer mit dem Respekt vor der Autonomie eines anderen Menschen.

Aber es gibt Gesetze in unserer Gesellschaft und im Rahmen dieser Gesetze kann jeder von uns entscheiden, wie weit sie oder er gehen will, um den eigenen Wünschen Nachdruck zu verleihen. Und in diesem Zusammenhang bleibe ich dabei. Ich bin gegen Drohungen und Gewalt, auch wenn ich sie bei anderen nicht verhindern kann. Ich bin vor allem deswegen dagegen, weil viele Menschen so viel Angst haben, dass sie sich auf Grund ihrer Erfahrungen als Opfer nicht zur Wehr setzen können. Oft können sie noch nicht einmal erkennen, dass sie sich einem Täter ausgeliefert haben. Ich finde es einfach nicht in Ordnung, die Schwierigkeiten oder Schwächen von anderen auszunutzen. Ich selbst kann mich daran halten und es mir von anderen Menschen wünschen. Und ich kann hoffen, dass sie mir diesen Wunsch erfüllen, sicher sein kann ich nicht.

Es geht jedoch nicht nur darum zu versuchen, seine Wünsche durchzusetzen, sondern auch darum, wie man damit umgeht, wenn die eigenen Wünsche trotz allem nicht erfüllt werden. In diesem Zusammenhang sind es zwei verschiedene Prozesse. Der eine hat etwas mit unseren Versuchen zu tun, unsere Wünsche durchzusetzen. Beim anderen Prozess geht es um die Schwierigkeiten, fehlende Wunscherfüllungen zu akzeptieren.

Ich will von Valentino wissen, wie er mit dem zweiten Prozess umgeht.

Er starrt mich an, als würde er mich nicht verstehen, und schweigt. Nach längerer Zeit des Nachdenkens sagt er schließlich: „Wie gehst du damit um, dass der Himmel manchmal blau ist, wenn du Regen für deinen Garten brauchst, und manchmal grau, wenn du ein Picknick in der Sonne machen willst. Oder dass im Frühling die Bäume Blätter bekommen und im Herbst wieder fallen lassen, ohne dich zu fragen? Wie gehst du damit um, dass ich – unabhängig davon, was du willst – manchmal hier bei dir und manchmal weg bin." Und nach kurzem Zögern sagt er: „Wie willst du damit umgehen, dass sich alles ununterbrochen verändert? Oder noch deutlicher! Wie willst du mit den Prozessen des Lebens um dich herum und mit den Prozessen deines eigenen Lebens umgehen?"

.

Erst verstehe ich den Zusammenhang mit meiner Frage nicht. Dann fange ich allmählich an zu verstehen. Es gibt bei den Prozessen des Lebens keine Kontrolle. Das gilt, ob man es akzeptieren will oder nicht: Was war, war! Und was ist, ist!

Was geschehen ist und auch das, was gerade geschieht, kann ich nicht mehr ändern. Und was sein wird, wird sein! Allerdings, was es sein wird, kann ich nicht wissen und auch nicht bestimmen.

Also, wenn mir ein Wunsch nicht erfüllt wird und ich es nicht ändern kann, muss ich das wohl akzeptieren.

Und wenn ich das nicht akzeptieren kann oder will, werde ich unzufrieden, unglücklich oder bitter werden. Ich weiß es schon seit langer Zeit: Wenn ich nicht akzeptieren kann oder will, dass ein Wunsch nicht erfüllt wurde, hafte ich dem Wunsch an, wie die Buddhisten sagen, und jede Anhaftung führt dazu, dass man leidet.

Das ist für die meisten Menschen unmittelbar einleuchtend und auch ich erinnere mich an eine ganze Reihe von Beispielen.

Besonders deutlich sind mir meine Gedanken im Gedächtnis geblieben, die mir bei den verschiedensten Gelegenheiten nach der Ablehnung eines Wunsches durch den Kopf gingen: „Wenn ich ihr wirklich wichtig wäre, hätte sie mir den Wunsch erfüllt"; „Wenn er mich wirklich lieben würde, hätte er getan, worum ich ihn gebeten habe"; „Den Wunsch haben sie nur deshalb nicht erfüllt, weil sie mich ärgern wollen"; „Typisch, ich tue immer alles für sie, aber wenn ich einmal etwas will, ist keiner für mich da"; „Ich kriege ja nie das, was ich wirklich will"; „Wie können die zu einer solchen Selbstverständlichkeit einfach nein sagen?" und ähnliche Sätze. Mit diesen Sätzen habe ich mir die Beziehung zu anderen Menschen „vergiftet" und mich selbst bedeutungslos, nicht ernst genommen, nicht berücksichtigt oder als Person abgelehnt gefühlt.

Ich bin damals nicht auf die Idee gekommen, anderen Menschen zuzugestehen, Nein zu sagen und damit die Erfüllung meiner Wünsche abzulehnen. Ich habe sie nicht als autonome Lebewesen wahrgenommen, die ihre eigenen Entscheidungen unabhängig von meinen Wünschen treffen können. Es wird Zeit, dass ich Wunscherfüllungen als Geschenke betrachte und nicht als eine Handlung, zu der andere Menschen verpflichtet sind.

Und noch etwas wird mir bewusst: Ich fühle mich in Bezug auf Wünsche und Wunscherfüllungen immer nur so autonom, wie ich anderen ihre Autonomie zugestehe.

Auch dazu fallen mir viele Situationen ein. Neulich haben Freunde in letzter Minute meine Einladung zu einem warmen Abendessen abgesagt. Ich hatte die Wahl: Ich konnte ihnen böse sein und denken, ich werde sie nie wieder einladen und mir einreden, dass sie sich bei jemand anderem nicht getraut hätten, einfach abzusagen und dass ich ihnen offensichtlich nicht wichtig genug bin. Oder ich konnte ihnen sagen, dass ich es zwar schade finde, weil ich mich gefreut habe, aber dass sie sich keine Sorgen zu machen brauchen. Ich könnte alles einfrieren und würde – statt mit ihnen zu plaudern – endlich den dringend notwendigen Papierkram erledigen. Im ersten Fall gestehe ich ihnen ihre Autonomie nicht zu und bleibe selber in der Opfer-Position stecken und bin mir meiner eigenen Autonomie auch nicht mehr bewusst.

Im zweiten Fall akzeptiere ich – wenn auch mit einem Gefühl der Enttäuschung –, dass es keine Wunscherfüllung gibt und wende mich etwas anderem zu.

Ich habe erst den ersten Fall gewählt, aber schnell gemerkt, dass es mir damit gar nicht gut ging, und mich dann – mithilfe gedanklicher Überzeugungsarbeit – für die zweite Alternative entschlossen. Und wann immer ich das auch in anderen Fällen geschafft habe, ging es mir damit besser und ich fühlte mich freier.

Ich erzähle Valentino von der Erkenntnis, dass ich mich – wenn ich es akzeptiere, dass andere das tun, was sie wollen – viel freier fühle, auch wenn dabei meine Wünsche nicht erfüllt werden.

Valentino ist nicht beeindruckt. „Ich verstehe nicht ganz, warum du auf diese im Grunde banale Selbstverständlichkeit hinweist. Oder bist du stolz darauf, dass du es endlich verstanden hast. Wenn deine Wünsche nicht erfüllt werden, dann gibt es doch gar keine andere Möglichkeit, als das zu akzeptieren. Wer fängt denn einen Kampf an, den er nicht gewinnen kann? Nur ein Dummkopf oder jemand, der sich selbst nichts wert ist."

Und mit diesen Worten dreht sich Valentino um und schreitet in die Richtung der offenen Terrassentür davon.

Ich bleibe etwas sprachlos und auch ein bisschen erschrocken zurück.

Siedend heiß fällt mir ein, dass ich Valentinos Wünsche oft ignoriert und meine eigenen gegen seine durchgesetzt habe. Ich habe ihn manchmal auf den Arm genommen, obwohl er mir deutlich gezeigt hat, dass er das nicht wollte. Ich habe ihn mit auf Reisen genommen, ohne ihn zu fragen, und nachts die Tür zum Garten zugemacht, obwohl er noch nach draußen wollte.

Hat Valentino nun das gesagt, was er wirklich denkt oder hat er das gesagt, weil ich stärker bin und er einen Kampf mit mir im Zweifelsfalle nicht gewinnen kann und ihn deshalb auch gar nicht erst anfängt?

Im Moment weiß ich es nicht.

17. Der Einfluss von Mustern

„Manchmal sitzt du an deinem Schreibtisch oder stehst in der Küche und murmelst vor dich hin: ‚Was will ich eigentlich jetzt wirklich?' Weshalb fragst du dich denn so etwas? Weißt du das denn nicht?"

„Valentino, ich will damit verhindern, dass ich automatisch auf eine Situation oder eine Person reagiere."

„Aber gerade wenn du automatisch reagiert, bist du schnell und effektiv. Wieso willst du das denn nicht?" „Doch, das will ich schon, wenn es notwendig ist. Aber es gibt ganz viele Situationen, da ist es wichtig, erst einmal kurz innezuhalten und sich zu fragen: ‚Was will ich jetzt wirklich?', und dann erst zu reden und zu handeln!"

„Was sollen denn das für Situationen sein?" Valentino glaubt nicht so ganz an die Notwendigkeit des Innehaltens.

Ich glaube, um zu erklären, was ich meine, sollte ich etwas deutlicher werden. Ich weiß nur nicht, wie ich es kurz zusammenfassen kann.

Dabei fallen mir ein paar Sätze ein, die in Krisensituationen – wenn irgendjemand irgendetwas getan hat, worüber ich ärgerlich oder wütend bin – fast automatisch in meinem Gehirn auftauchen: „Na, dem werde ich es aber zeigen!", „So kann sie doch mit mir nicht umgehen!", „Eine solche Unverschämtheit werde ich mir nicht gefallen lassen!", „Der kann aber etwas erleben!", „Wie kann sie mir das antun!" und so weiter. Wenn ich allein im Auto sitze, tendiere ich auch dazu, andere Verkehrsteilnehmer zu beschimpfen oder lautstark aufzufordern, sich anders zu verhalten. Sie können mich ja nicht hören.

Aber in Situationen, in denen es solche Versteckmöglichkeiten nicht gibt, ist es wichtig, sich möglichst so zu verhalten, dass es nicht zu einer Eskalation kommt.

Ich erzähle das Valentino und füge hinzu, dass seien die Momente, in denen ich innehalten und darüber nachdenken möchte, was ich wirklich will.

Das leuchtet ihm ein. „Du kannst ja nicht nur sagen: ‚Na, dir werde ich es aber zeigen!‘, und dann nicht wissen, was. Schließlich musst du dir ja überlegen, was und wie du es ihm – wer auch immer das ist und was er getan hat – zeigen willst. Oder wie du willst, dass sie – egal wer sie ist – mit dir umgeht. Es ist wichtig, zu wissen, was man will, wenn man mit etwas oder mit jemandem unzufrieden oder ärgerlich ist.“

„Siehst du“, sage ich, „und dafür muss ich innehalten.“

Es ist nicht so ganz einfach, Valentino verständlich zu machen, dass ich zum Nachdenken Zeit brauche. Er ist so viel schneller als ich und setzt im Zweifelsfalle auch sofort seine Krallen ein. Aber er versteht, dass es nicht sinnvoll für mich und meine Beziehungen zu anderen Menschen ist, sie sofort – wie er es vielleicht tun würde – anzugreifen, wenn ich ärgerlich oder wütend auf sie bin.

Aber leider ist Angreifen auch mein erster Impuls. Wenn ich mich als Opfer eines anderen fühle, will ich so schnell wie möglich zum Täter werden und mich wehren. Und im Zweifelsfalle auch Gewalt anwenden. Für Valentino – als Raubtier – wäre es eine angemessene Verhaltensweise, aber ich will das auf keinen Fall.

Ich habe noch mehr solcher schnellen Impulse oder Verhaltensmuster, ein paar sind mir erst in den letzten Jahren aufgefallen, auf einige haben mich meine Freunde aufmerksam gemacht, aber noch mehr wurden mir von Menschen mitgeteilt, die mir nicht freundlich gesonnen waren. Und die meisten fand ich nicht toll.

Aber wir können sie uns ja nicht aussuchen, weil wir sehr viele Muster in unserer Kindheit und Jugend lernen, um mit unserer Umgebung und den Menschen um uns herum einigermaßen auszukommen. Viele dieser

Muster sind sehr nützlich, weil sie uns ermöglichen, ohne Nachdenken sehr schnell zu reagieren. Aber einige wurden als Schutzmechanismen entwickelt, mit denen sich das Kind gegen unterschiedliche Bedrohungen aus seiner Umwelt schützen musste, um zu überleben. Und diese wirken sich im Erwachsenenleben – wenn es diese Bedrohungen nicht mehr gibt – häufig sehr hinderlich, wenn nicht sogar sehr destruktiv für einen selber aus.

Ich sitze an meinem Schreibtisch am Computer und schreibe meine Gedanken auf, die mir zu Mustern einfallen.

Valentino schläft an einem Ort, den ich nicht kenne. Er wechselt seine Schlafplätze regelmäßig, damit er nicht so leicht von einem Feind ausgekundschaftet und dann im Schlaf überrascht werden kann. Das ist eines seiner Muster. Er hält das sicher für selbstverständlich. Wir halten alle unsere eigenen Muster für selbstverständlich, für logisch und normal.

Im Grunde lernen wir alle von klein auf ununterbrochen Muster, die uns ermöglichen, wiederkehrende Handlungen, wie Laufen, Treppensteigen, Lesen, Schreiben, Klavierspielen und vieles andere mehr vollautomatisch, schnell und ohne Nachdenken auszuführen.

Wenn wir erst jedes Mal nachdenken müssten, wie wir eine Tür aufschließen oder eine Zahnbürste benutzen sollten, würden wir am Tag nicht viel zustande bringen. Und wir lernen wahrscheinlich jeden Tag neue Muster dazu.

Die meisten Muster sind daher sinnvoll und sehr geeignet, uns sehr schnell handeln zu lassen, ohne dass wir noch darüber nachdenken müssen. Alles läuft sozusagen automatisch, oft sogar ohne dass unserem „Ich" bewusst wird, was wir gerade tun.

Problematisch sind jedoch die Muster, die sich ein Kind aneignen musste, um sich selbst zu schützen. Ganz besonders verbreitet sind Muster, mit denen Kinder ihre eigene Autonomie versucht haben zu schützen.

Eines dieser Muster kann man abstrakt mit dem Satz „Ich will nicht" beschreiben und es ist vielen Eltern als Reaktion bekannt. Kinder wollen sich genau so wenig unterwerfen wie Erwachsene.

Kinder versuchen auf sehr verschiedene Weise, sich Raum und Zeit zu verschaffen, um selbstbestimmt handeln zu können.

Ein Kind sagt z. B. „Ja, gleich" und verschiebt die Erfüllung der Erwartungen immer weiter in die Zukunft, ein anderes behauptet, es hätte nichts gehört, oder es hätte gedacht, es sei nicht so wichtig gewesen. Manche Kinder entgehen den Anforderungen, indem sie etwa behaupten, sie könnten es nicht oder sie wüssten nicht, was sie genau machen sollten und wie das ginge.

Oder sie machen das, was sie für die Erfüllung der ihnen aufgetragenen Aufgabe brauchen, „aus Versehen" kaputt. Und ähnliches tun sie dann auch noch als Erwachsene.

Während ich noch mit diesen Gedanken beschäftigt bin, kommt Valentino und meint etwas vorwurfsvoll, er hätte Hunger. „Ich will zuerst etwas zum Essen haben und erst danach will ich mich mit dir unterhalten", sagt er, als er merkt, dass ich ihm etwas erzählen will.

„Ach, Valentino, du weißt immer so genau, was du willst, ich bewundere dich dafür", sage ich daraufhin und öffne erst einmal eine Büchse mit Lachsmousse für ihn.

Nachdem er alles aufgefressen hat, meint er: „Ich will etwas mit dir klären. Also, wenn Menschen ein Muster haben, das sie einschränkt und trotzdem noch im Erwachsenenalter daran festhalten, dann müssen sie doch etwas davon haben. Wieso denkst du immer gleich, sie seien die armen Opfer ihrer Muster. Oder Opfer von den Menschen, die ihnen diese Muster beigebracht haben?"

Ich fange an, ihm zu widersprechen, aber er redet gleich weiter:

„Ich denke das nämlich nicht. Du bist doch das beste Beispiel. Du sagst ganz oft: ‚Ich weiß nicht, was ich will.' Dieses Muster schützt dich doch hervorragend vor allen möglichen Enttäuschungen. Stell dir doch einfach einmal vor, du wüsstest genau, was du willst, und du würdest es nicht bekommen, wie würdest du dich dann wohl fühlen? Es ist – unter diesen Umständen – viel besser, nichts zu wollen."

Ich bin ganz überrascht. Es stimmt, ich brauche oft viel Zeit, um herauszufinden, was ich will, und habe das auch schon öfter gesagt.

„Du hast ja genau zugehört", sage ich erstaunt und er antwortet überraschend schnell: „Meine Ohren müssen besonders gut funktionieren. Wie sollte ich denn sonst meine Beute aufspüren? Und nun, was sagst du zu meiner Behauptung?"

Ich denke darüber nach. Ich soll etwas davon haben, wenn ich nicht weiß, was ich will. Nach meiner bisherigen Erfahrung habe ich eher darunter gelitten. Aber zuzugeben, dass mich dieses Nichtwissen vor vielen verschiedenen Enttäuschungen geschützt haben soll, wie Valentino behauptet, fällt mir schwer.

Leider kann ich nicht anders – wenn ich ehrlich mir gegenüber bin – als zuzugeben, dass Valentino da etwas für mich sehr Wichtiges angesprochen hat.

„Das Muster schützt mich nicht nur vor Enttäuschungen in Bezug auf Wünsche, es schützt mich auch vor allen möglichen anderen – potentiell gefährlichen – Erfahrungen", sage ich zu Valentino, „aber es schützt mich nicht nur, es schränkt mich auch ein. Und ich will aus diesem Muster aussteigen."

„Das finde ich eine glänzende Idee", sagt er, „und du hast doch auch schon angefangen. „Jetzt verstehe ich auch, weshalb du immer diesen Satz ‚Was will ich wirklich?' vor dich hin murmelst. Guter Satz zum Aussteigen! Aus dem Muster, meine ich!"

„Hast du noch mehr Muster bei mir beobachtet?", frage ich Valentino.

„Eine Menge, aber die finde ich eher niedlich und sie haben einen hohen Wiedererkennungswert. Das eine Muster, welches gar nicht gut für dich ist, obwohl es dich vor neuen – potenziell gefährlichen Situationen schützt – kennst du schon. Du wehrst immer noch sehr schnell alles ab, was auf dich zukommt. Und das schätze ich nicht besonders."

Und nach kurzem Nachdenken fügt er noch hinzu: „Dazu kommen noch deine Katastrophenphantasien. Du denkst eher an das, was alles an Schlimmen passieren kann. Besser wäre, du würdest dir ausmalen, was sich an Schönem und Erfreulichem entwickeln könnte."

„Ich werde mir Mühe geben", sage ich und meine es sogar auch so. Ich kann mir denken, dass es mir besser gehen würde, wenn ich diesen Mustern nicht mehr so viel Raum in meinem Gehirn einräumen würde.

„Weißt du, Valentino, was das Schreckliche an diesen Mustern ist?" Und ich rede gleich weiter, weil ich annehme, er weiß es nicht. „Das Schreckliche an den Mustern ist, dass sie einen gefangen nehmen. Sowie man mit Hilfe eines Musters automatisch auf eine Situation oder Person reagiert, kann man nicht mehr denken.

Wenn man sich mit seinen Gedanken im Muster befindet, kann man nicht mehr denken. Die Muster sind doch dafür da, durch Automatisierung das Nachdenken überflüssig zu machen. Deswegen kann man dann auch nicht mehr denken. Erst muss man aus dem Muster aussteigen, dann kann man wieder nachdenken."

„Ich glaube, ich habe solche merkwürdigen Muster nicht", meint Valentino, „ich könnte sie nicht gebrauchen. Ich bin ein Jäger. Ich kann es mir nicht leisten, das Opfer von Mustern zu werden." „Ich bin mir da nicht so sicher", sage ich, „immerhin weißt du seit deiner Geburt, dass Menschen für dein Wohlbefinden sorgen und du dich im Grunde nicht zu kümmern brauchst. Also Muster hast du sicherlich."

Aber Valentino ist nicht zu verunsichern. „Wenn ja, dann werde ich sie wohl brauchen", sagt er selbstbewusst.

Manchmal wäre ich gerne so selbstbewusst wie Valentino.

18. Dynamiken zwischen Menschen

„Wenn es nur um Muster im eigenen Inneren ginge, wäre es ja noch einfach. Aber da gibt es ja noch die Dynamiken zwischen den Menschen, die wir uns seit früher Kindheit angewöhnt haben und die uns meist auch überhaupt nicht bewusst sind", sage ich zu Valentino.

„Was meinst du denn damit", will er wissen,

Ich merke, ich habe das so dahingesagt, eigentlich weiß ich doch nicht so genau, was ich damit meine.

„Ich denke, wir haben auch bestimmte, individuell unterschiedliche Arten und Weisen oder Dynamiken, wie wir anderen Menschen begegnen. Und erst in letzter Zeit habe ich angefangen, mehr auf Wiederholungen von ähnlichem Verhalten und natürlich auch auf Unterschiede zu anderen zu achten."

„Und was ist dir da aufgefallen?", will Valentino wissen.

„Es ist gar nicht so leicht zu beschreiben", sage ich. „ Ich z. B. brauche im Umgang mit anderen Menschen immer Auswege, ich muss flüchten können. Eine Freundin von mir dagegen muss sich verschließen und sogar vor sich selbst verbergen können, um sich sicher zu fühlen. Das macht einen großen Unterschied im Umgang mit Menschen aus."

„Ich weiß noch eine Dynamik von dir", sagt Valentino zu mir. Ich bin gespannt und bin gleichzeitig besorgt, ich könnte etwas erfahren, was mir gar nicht gefällt. Aber ich frage trotzdem nach.

„Ich habe dich im Umgang mit deinen Freunden beobachtet", meint Valentino, „du hast Schwierigkeiten, etwas von anderen anzunehmen. Dir tut das zu weh, weil du zu oft zu kurz gekommen bist. Und entsprechend hast du auch Schwierigkeiten, anderen etwas von dir zu geben, ebenfalls, weil du zu oft zu kurz gekommen bist."

Er hat recht. Es ist mir nicht recht, dass er recht hat. Aber er hat recht.

Valentino merkt, wie betroffen ich bin, und sagt, um mich zu trösten: „Aber es ist schon viel besser geworden. Du sagst nicht mehr so etwas wie ‚Ach, ist doch selbstverständlich‘, wenn jemand dir seinen Dank ausdrückt, oder ‚Das wäre doch nicht nötig gewesen‘, wenn dir jemand ein Geschenk mitbringt. Inzwischen bedankst du dich und manchmal sagst du sogar mit Tränen in den Augen, du wärest ganz gerührt. Das ist doch ein Fortschritt!"

„War es wirklich so schlimm?", frage ich nach. Aber Valentino meint, am schlimmsten sei es doch für mich gewesen. Denn dadurch, dass ich nichts hätte wirklich annehmen können, hätte ich doch auch nichts bekommen und wäre weiterhin eine zu kurz gekommene Person geblieben. „Und das fühlt sich gar nicht gut an!", sagt er dann noch.

Mir treten die Tränen in die Augen und ich merke, Valentino hat mir gerade etwas Bedeutungsvolles gegeben. Sein Verständnis und sein Mitgefühl. „Ich danke dir, Valentino", sage ich. Und er meint noch, es fiele mir offensichtlich leichter, von ihm etwas anzunehmen und ihm dafür zu danken, als von Menschen.

Und auch damit hat er recht.

Während Valentino sich auf die Suche nach Abenteuern macht, gehe ich in die Küche, um mir einen Tee zu machen. Anschließend gehe ich mit der Teekanne und meiner Tasse in den Garten in die Sonne. Ich schließe meine Augen, genieße die Wärme und versuche, weiter nachzudenken.

Mir scheint, das Thema „Zwischenmenschliche Dynamik" ist sehr interessant und sehr komplex. Und viele Muster, die wir gelernt haben, sind an diesen Dynamiken beteiligt. Wenn zwei Menschen sich treffen, treffen auch die Muster der einen Person und die der anderen Person aufeinander und daraus entwickelt sich dann eine diesen Mustern entsprechende Dynamik zwischen beiden. Deswegen verhält sich ein Mensch unterschiedlichen Personen gegenüber oft so verschieden, dass man sich manchmal wundert, ob dies noch derselbe Mensch ist.

Ich denke daran, dass ich die Vorschläge anderer Menschen leicht abwehre. Wenn mir jemand vorschlägt, einen Ausflug zu machen, und ich wehre ab, dann ist es genau dann kein Problem, wenn die andere Person im Grunde auch keine Lust hatte. Dann passt es und es gibt keine Enttäuschung und keine Konflikte.

Aber wenn die andere Person große Lust auf eben diesen Ausflug hat, und ich wehre ab, dann fühlt sie sich enttäuscht und möglicherweise auch abgelehnt. Keine Situation gleicht einer anderen und jede Person ist anders als jede andere.

Deshalb scheint es so zu sein, dass sich jeweils eine andere Dynamik entwickelt, wenn Menschen mit verschiedenen Mustern und unterschiedlichen Interessen zusammentreffen und gemeinsam etwas miteinander anfangen wollen.

Ich glaube, es ist für das Verständnis des Verhaltens von anderen sehr wichtig, sich seiner eigenen Muster bewusst zu sein. Dann weiß man wenigstens, was der eigene Anteil am Gelingen oder Scheitern der Beziehung ist, und man kann leichter mit dem Gegenüber darüber sprechen. Wenn das Gegenüber seine eigenen Muster auch kennt, ist es natürlich noch besser. Zumindest einfacher. Dann gibt es so etwas wie Transparenz in der Beziehung und die Wechselwirkung wird intensiver.

Bei diesen Gedanken fallen mir die beiden alten Sprichwörter „Gegensätze ziehen sich an" und „Gleich und gleich gesellt sich gern" ein.

Ich denke, Menschen mit bestimmten Mustern ziehen sich wechselseitig an, sowohl wenn sie sich gegenseitig in ihren Mustern verstärken als auch wenn sie sich ergänzen können.

So finden sich leicht hilfsbedürftige und hilfsbereite Menschen zusammen. Menschen, die gerne geben, brauchen Menschen, die gern nehmen. Menschen, die gerne wirkungsvoll sein wollen, brauchen Menschen, auf die sie einwirken können. Zurückhaltende, eher rationale Menschen bevorzugen oft emotionale, temperamentvolle Partner.

Ich konnte oft beobachten, dass Menschen versucht haben, sich wechselseitig immer ähnlicher zu machen und sogar miteinander – zumindest in verbalen Auseinandersetzungen – darum kämpften. Sie benutzten dabei ihre Vorstellungen davon, was „normal" und was „selbstverständlich" sei, um ihr Gegenüber dazu zu bringen, sich entsprechend zu verhalten. Ich will mich da nicht ausnehmen. Ich habe das früher auch versucht. Wir sagen dann Sätze zueinander wie: „Nun sei doch nicht so emotional", „Bleibe doch einmal sachlich", „Übertreibe doch nicht immer gleich", „Nimm doch nicht alles auf die leichte Schulter" oder „Nimm doch nicht alles so schwer oder etwas Ähnliches."

Solche Bemerkungen beziehen sich nicht nur auf die Gefühle und Einstellungen, sondern oft auch auf die Handlungen des Gegenübers. Sie sollen nicht so unordentlich sein, endlich einmal lernen, pünktlich zu Verabredungen zu kommen, sie sollen Versprechungen einhalten und zuverlässig sein und nicht stets neue Sachen anfangen, noch bevor sie die alten zu Ende gebracht haben. Alles, was andere machen, eignet sich für Versuche, sie zu ändern. Heute weiß ich, dass man niemanden ändern kann. Wir wollen so akzeptiert werden, wie wir sind, und Änderungsprozesse können nur im eigenen Inneren beginnen.

Sehr viel seltener habe ich erlebt, dass Menschen einander sagen, wie froh sie über die Andersartigkeit ihres Gegenübers seien und wie viel sie voneinander gelernt hätten. Dabei gibt es dafür so viele Möglichkeiten.

Wenn ich zum Beispiel ständig dabei bin, mein Äußeres auf „Perfektion" zu überprüfen, kann ich von einer anderen Person, die alles etwas lässiger handhabt, lernen, mich selbst weniger unter Druck zu setzen. Wenn ich alles immer rational analysiere, kann ich von einer sich eher intuitiv entscheidenden Person lernen, mich auch einmal auf eine logisch nicht begründbare, aber vielleicht kreative Idee einzulassen. Wenn ich sehr chaotisch und unordentlich bin, kann ich von einer gut organisierten Person lernen, wie ich meine Sachen besser ordnen kann.

Vieles kann man lernen, wenn man es will.

Heute weiß ich es: Nur durch die Andersartigkeit eines anderen Menschen kann ich mein eigenes Ich erweitern.

Nur warum ergreifen wir diese Chance so selten?

Mit dieser Frage beende ich die lange Zeit des Nachdenkens und suche Valentino. An den mir bekannten Orten, an denen er sich gerne ausruht, finde ich ihn nicht. Ich rufe ihn, aber weder antwortet er, noch kommt er. Ich werde unruhig und ein bisschen ängstlich. Ich weiß immer lieber, wo er ist, um sicher zu sein, dass ihm nichts passiert ist.

Aber im Moment weiß ich es nicht.

Vielleicht besucht er seine kleine Tochter und ihre Mutter, die mehrfarbige Glückskatze. Im Nachhinein fällt mir auf, dass er länger nichts von seiner neuen Familie erzählt hat.

Was habe ich alles von Valentino gelernt? Was hat er mir vorgelebt?

Er tut nur das, was er will. Er gesteht anderen das gleiche zu. Er macht sehr deutlich, was er sich wünscht. Er nimmt dankbar an, was man ihm gibt. Er ist aufmerksam und geht mit seiner Umgebung achtsam um. Und er weiß, dass seine Phantasien über mich oder andere nicht unbedingt stimmen müssen und deshalb fragt er nach.

Er setzt sich zur Wehr, wenn man ihn angreift. Auf aussichtslose Kämpfe lässt er sich jedoch nicht ein, da flüchtet er lieber.

Es gibt sicher noch mehr, was ich von ihm gelernt habe. Im Moment fällt mir nicht mehr ein.

Im Vordergrund meines Bewusstseins ist immer noch die unbeantwortete Frage: „Wo ist Valentino?"

Das ist eine der Dynamiken zwischen Valentino und mir: Ich mache mir Sorgen und er macht, was er will. Und wahrscheinlich wird sich diese Dynamik immer wieder zwischen uns beiden herstellen.

19. Vorstellungen und Gefühle

„Ich habe etwas herausgefunden!", Valentino ist ganz aufgeregt und redet gleich weiter, „du hast doch gesagt, dass Gefühle unser schnelles Informationssystem sind, und irgendetwas stimmt daran nicht. Weißt du, ich war gestern bei den Nachbarn weiter die Straße runter. Sie saßen im Garten und ich konnte alles hören, was sie miteinander geredet haben. Dabei hat sie, weißt du, die Frau mit den vielen Locken, die immer so schön bunt angezogen ist, gesagt: ‚Wenn ich mir vorstelle, dass du mit diesem Flittchen geschlafen hast, werde ich so wütend, dass ich dich umbringen könnte.'

Dann hat er gesagt: ‚Das habe ich überhaupt nicht! Was du dir immer alles einbildest! Und ständig machst du ein solches Theater. Gestern hast du eine Stunde lang geweint, nur weil du gedacht hast, ich hätte keine Lust, mit dir den Tanzkurs zu machen, obwohl ich dir gesagt habe, dass das nicht stimmt.'

Und sie hat daraufhin gesagt: ‚Immer musst du mich kritisieren. Ich bin mir sicher, du liebst mich nicht mehr. Dann kann ich ja gehen. Sieh zu, wie du alleine klarkommst!' Dabei hat sie laut geweint. Dann ist sie aufgestanden und hat versucht, den Gartentisch mit allem, was darauf stand, umzuschmeißen. Er hat es verhindert und sie hat ihre Tasche gegriffen, ist auf die Straße zu ihrem Auto gelaufen und weggefahren."

Dann guckt Valentino mich an und will wissen, was ich dazu sage. Es stimmt, die Gefühle dieser Frau informieren sie nicht über ihre momentane Wechselwirkung mit ihrer Umwelt. Es gab keine Wechselwirkung. Es gab nur ihre Phantasien über ihren Mann, über seine Gefühle, seine Gedanken und seine Handlungen. Ihre Gefühle waren nur Reaktionen auf ihre Phantasien.

„Es ist sehr wichtig, was du da entdeckt hast, Valentino", sage ich zu ihm, „diese Art von Gefühlen hatte ich ganz vergessen. Sie entstehen im eigenen Inneren auf der Grundlage von Gedanken und Bildern, aber nicht als Information über die Beziehung zur Außenwelt. Insofern ist es sehr wichtig, diese beiden Arten von Gefühlen genau zu unterscheiden."

„Warum findest du das denn wichtig? Ich habe immer gedacht, Gefühl ist Gefühl." „So einfach ist es nicht", sage ich, „denn die informierenden Gefühle sind hilfreich in Bezug auf das eigene zukünftige Handeln. Aber ein Handeln aufgrund der Gefühle, die nur durch Gedanken und Phantasien zustande gekommen sind, entbehrt jeder Grundlage und kann sich sehr destruktiv auswirken. Die Frau, von der du eben erzählt hast, riskiert vielleicht die Beziehung mit ihrem Mann, nur wegen einer Phantasie. Das wäre doch schrecklich."

„Und weshalb machen Menschen so etwas Dummes? Sich einfach etwas vorstellen, die passenden Gefühle dazu entwickeln, um dann dementsprechend zu handeln?"

Ich widerspreche ihm: „Das ist nicht in jedem Falle dumm, sondern erst einmal eine Fähigkeit. Schauspieler brauchen sie, wenn sie sich in eine Rolle hineinversetzen wollen, um diese dann mit allen jeweils dazu notwendigen Gefühlen spielen zu können."

„Meinst du denn, die Frau hat ihrem Mann nur etwas vorgespielt?" Wieder einmal will Valentino es genau wissen. „Ich glaube es nicht", sage ich, „diese Bilder entstehen einfach in ihrem Kopf und dann reagiert sie entsprechend auf sie."

„Aber wieso machen das manche Menschen und andere nicht?"

„Ich glaube, alle Menschen machen das in irgendeiner Weise. Erinnere dich an meine Katastrophenphantasien. Das sind auch nur Vorstellungen und ich bekomme trotzdem Angst. Menschen sind sehr gut darin, sich alles Mögliche vorzustellen und dann entsprechende Gefühle dazu zu entwickeln, ohne sie auf irgendeine Weise zu überprüfen."

„Aber wenn es doch in ihrer Wirklichkeit so ist und jeder Mensch in seiner eigenen Wirklichkeit lebt, wie kann man dann seine Gedanken und Vorstellungen überprüfen? Nein, sage nichts, ich weiß es. Es ist genauso, wie ich überprüfen kann, ob das Wetter so ist, wie ich denke. Ich stelle mir vor, es würde regnen, und dann sehe ich nach draußen und stelle fest: Es regnet nicht. Ich kann also alle meine Sinne einsetzen und mit ihrer Hilfe meine Gedanken und Phantasien überprüfen."

„Du bist so schlau", sage ich und Valentino freut sich. Und dann gibt er zu, dass er sich auch manchmal erst Phantasien mache und dann Gefühle dazu entwickeln würde. Und manchmal würde ihm das auch Spaß machen.

Ich will von ihm wissen, welche Phantasien das seien, und er meint, sie seien immer verschieden.

„Aber am liebsten mache ich mir solche Phantasien, durch die ich Vorfreude entwickeln kann. Ich stelle mir ganz genau vor, wie erfreut meine neue Freundin sein wird, wenn ich sie besuche, und dann fühle ich innerlich Vorfreude."

Dann denkt Valentino noch ein bisschen nach und sagt schließlich: „Auch bei der Vorstellung, du wirfst Leckerchen in die Gegend und ich kann sie jagen, freue ich mich. Und da gibt es noch mehr Vorstellungen, durch die ich mir gute Laune machen kann. Das solltest du – anstelle deiner Katastrophenphantasien – auch mal probieren."

„Ich würde gerne, wenn ich könnte. Aber leider haben wir nicht nur keine Kontrolle über die inneren Prozesse anderer Menschen, sondern auch kaum Kontrolle über unsere eigenen inneren Prozesse. Wir können es nur mit Hilfe unserer Selbstwahrnehmung, möglichst klarer Bewusstheit unser eigenen inneren Vorgänge und geeigneten Strategien immer wieder versuchen. Und ich versuche es."

Aber es bleibt eine offene Frage für mich, warum eine Freundin von mir so intensive Vorfreude entwickeln kann, dass sie darunter leidet, wenn es sich später nicht genau so abspielt, wie sie es sich vorgestellt hat. Und warum ich so große Schwierigkeiten habe, überhaupt irgendeine Art von

Vorfreude zu entwickeln.

Aber Valentino unterbricht meine Gedanken und fragt: „Warum bist du eigentlich immer so zweifelnd und so schnell entmutigt? Ich habe gerade die großartige Erkenntnis bei den Nachbarn gemacht, dass man mithilfe von Vorstellungen seine Gefühlswelt beeinflussen kann, und du bist schon wieder dabei, das Ganze einzuschränken."

Valentino hat mich wieder einmal bei einem meiner Muster erwischt: „Nur nicht zu große Hoffnungen entwickeln, sonst bleibt die Enttäuschung nicht aus". Ich sollte mir diese Muster öfter bewusst machen, statt mich damit immer wieder einzuschränken. Und dann denke ich noch, dass Valentino offensichtlich keine Hemmungen hat, sich einen großen Anteil an einem gemeinsamen Prozess zu eigen zu machen und dabei auch stolz auf seine Leistung zu sein. Ich tue das meistens nicht. Ich verleugne oft meinen eigenen Beitrag. Und ich kann dementsprechend auch nicht stolz auf irgendeine Leistung von mir sein. Dank Valentino fällt mir mein Verhalten zumindest jetzt auf.

Ich glaube, ich kann noch viel von ihm lernen.

Ich sage das auch zu ihm und merke, er freut sich über meine Anerkennung. Dann erzähle ich ihm von den neuen Forschungsergebnissen in Bezug auf den Placebo-Effekt und dessen Gegenteil, den Nocebo-Effekt. Danach ist die innere Haltung, die man zu sich oder verschiedenen Situationen entwickelt, von großer Bedeutung.

„Deswegen ist deine neue Erkenntnis, dass man mithilfe der eigenen Vorstellungen versuchen kann, sein Gefühlsleben zu beeinflussen, so wichtig", sage ich zu ihm.

„Du legst immer so großen Wert auf das Wort ,versuchen', sagt Valentino, „hat das etwas damit zu tun, dass du immer wieder betonst, wir hätten keine Kontrolle über lebendige Prozesse?"

Ich nicke und sage, es wäre sehr wichtig, dass wir Menschen das begreifen. Wir würden dann mit Kindern und Erwachsenen anders umgehen. Wir würden diese ganzen bürokratischen Kontrollprozesse erheblich reduzieren und vieles andere mehr. Unter anderem würden wir auch andere politische Entscheidungen treffen. Ich rede mich richtig in Rage, es ist ja auch mein Lieblingsthema.

Aber Valentino unterbricht mich und sagt: „Mich brauchst du nicht mehr zu überzeugen, ich frage nur manchmal nach, um alles genauer und besser zu verstehen."

„Ach, Valentino", sage ich, „ich wünschte mir, es gäbe mehr Menschen, die sich so dafür interessieren, wie du es tust."

„Na, warte mal ab. Gibt es nicht im Fernsehen und in den verschiedenen Zeitschriften immer mehr Themen, die mit selbstorganisierenden Systemen irgendwie im Zusammenhang stehen? Irgendwann werden immer mehr Menschen begreifen, dass es einen Unterschied zwischen lebendigen, mechanischen und digitalen Systemen gibt."

„Weißt du, Valentino, ein bekannter Wissenschaftler, Frederic Vester, hat schon 1984 geschrieben, er hoffe, dass dieses Begreifen nicht zu spät kommt. Denn es steht ja mehr oder weniger die Zukunft des Planeten auf dem Spiel."

„Nun werde doch nicht gleich so melodramatisch. Das ist doch sonst auch nicht dein Stil. Der Planet ist in den nächsten drei bis vier Milliarden Jahren wahrscheinlich keineswegs in Gefahr. Es geht um die Gefährdung der diversen Komfortzonen von Menschen in den reicheren Ländern und das Überleben vieler Menschen und verschiedener Lebewesen in anderen Gegenden, aber nicht um den Planeten als Ganzes. Mit der Komfortzone meine ich, dass nicht mehr alles so zur Verfügung stehen wird, wie es viele Menschen heutzutage noch gewohnt sind. Leider denken die meisten, es würde immer so weitergehen. Dabei kann man heute schon merken, wie sich allein der Klimawandel auf die Versorgung der Menschen mit Nahrung und Wasser auswirken kann. Und wahrscheinlich wird noch viel Schlimmeres eintreten."

„Da hast du auch wieder recht, Valentino", sage ich.

„Weiß ich", sagt er und damit wandert er von dannen, den Abenteuern der Nacht entgegen.

20. Prozessorientierung

„Du wolltest mir etwas über Prozessorientierung erzählen", sagt Valentino eines Nachmittags zu mir. „Ich denke, du weißt schon alles darüber", sage ich, „denn du lebst so. Total prozessorientiert. Ich sehe dir zu und bin jedes Mal fasziniert. Wie du dich bewegst – du scheinst dabei jeden Schritt zu genießen. Auch die Art, wie du dich hinsetzt, immer anders , aber immer sehr bewusst, jeder kleine Muskel scheint dabei eine besondere Rolle zu spielen. Und wie du dir dein Fell putzt..."

Valentino unterbricht mich: „Nun lass mal gut sein mit deiner Begeisterung. Selbst wenn ich prozessorientiert leben kann, heißt das noch nicht, dass ich auch bewusst etwas darüber weiß, wie das im Einzelnen geht mit der Prozessorientierung."

Es sei doch so, dass man bei den automatischen Reaktionen, die auf einem Muster beruhen, erst gründlich nachdenken und dann auch noch nach ähnlichen Beispielen suchen müsse, bis man das zugrundeliegende Muster schließlich herausfinden könne. Und dann erst kann man wissen, wie es geht.

Valentinos Begründungen leuchten mir ein. Ich überlege, wie ich „Prozessorientierung" am besten erklären könnte, aber mir fällt nur das bekannte Beispiel des „Weges" aus „Der Weg ist das Ziel" ein.

Ich frage Valentino, ob er Zeit und Geduld für eine längere Erklärung habe und er nickt.

Also fange ich an zu reden: „Am besten beginne ich mit dem, was wir in unserer Kultur besonders gut können, weil wir es seit langer Zeit bevorzugen – mit der ‚Ergebnisorientierung'. Immer dann, wenn ich versuche, von einem sicheren Ort zum nächsten sicheren Ort zu gelangen, denke und handele ich ergebnisorientiert. Häufig ist der Unterricht in Schulen und Hochschulen auf die Aneignung von gesichertem Wissen ausgerichtet und damit ergebnisorientiert. Auch bei vielen der beliebten Quizsendungen im Fernsehen geht es darum, dass die Kandidaten die richtigen Ergebnisse nennen. Ebenso sind Prüfungen, in denen die richtige Antwort nur angekreuzt werden muss, ergebnisorientiert aufgebaut.

In vielen Bereichen unserer Gesellschaft herrscht ergebnisorientiertes Denken und Handeln vor und das hat auch gute Gründe. Wenn man ein konkretes Ziel erreichen möchte, will man auch überprüfen, ob man sein Ziel erreicht hat. Wenn ja, dann hat man richtig gehandelt. Insofern spielen die Bewertungen ‚richtig‘ und ‚falsch‘ eine große Rolle, wenn man ergebnisorientiert denkt und handelt.

Das prozessorientierte Denken ist ganz anders. Es gibt dabei kein richtig und kein falsch, weil man sich von einem Unbestimmten zum nächsten Unbestimmten bewegt, und alles, was geschieht, einfach ‚ist‘. Man kann dabei nicht von richtig oder falsch sprechen. Es ist einfach jeweils so, wie es ist. Das ist der große Vorteil des prozessorientieren Denkens und Handelns.

Was man dringend für diese Art des Denkens und Handelns braucht, ist Neugier. Und mithilfe dieser Neugier sucht man in der Umgebung oder in der Interaktion mit anderen immer wieder nach dem, was noch unbestimmt ist und was man noch nicht weiß.“

„Ich glaube“, sagt Valentino, „ich ahne, warum das Menschen so schwer fällt. Wenn man so vorgeht, muss man sich ja eingestehen, dass man etwas noch nicht oder nicht genau weiß. Das fühlt sich nicht gerade sicher an. Besser ist es, immer genau zu wissen, was los ist. Nebenbei gesagt: Mir ist das auch lieber.“

Ich stimme zu: „Sich sicher zu fühlen, ist bestimmt ein wichtiges Bedürfnis. Wenn ich mich sicher fühle, habe ich keine Angst und fürchte nicht, bedroht oder angegriffen zu werden. Wenn ich mich sicher fühle, scheint es in meiner Welt keine Gefahren zu geben und das fühlt sich gut an. Mir ist das auch lieber, als ein Gefühl von Unsicherheit zu haben. Nur“, füge ich noch hinzu, „selbst wenn ich mich auf das konzentriere, was ich noch nicht weiß, was noch unbestimmt ist, muss ich mich deswegen nicht notwendigerweise auch gleich unsicher fühlen.“

„Das sehe ich auch so", meint Valentino, „deshalb verstehe ich nicht, wieso so viele Menschen sich dann unsicher fühlen. Man kann doch das, was noch unbestimmt ist, gar nicht wissen."

„Wir sind so erzogen, dass es schlimm ist, etwas nicht zu wissen", sage ich, „und das fängt oft schon vor der Schule an, setzt sich aber in der Schule so richtig fort. Was habe ich mir alles anhören müssen: ‚Was, das weißt du nicht?', ‚Du hast wohl in der Schule nicht gut aufgepasst!', ‚Das hättest du aber wissen müssen!', ‚Naja, kluge Kinder wissen so etwas!', ‚Nun frag doch nicht immer so dumm!', ‚Warum, warum! Darum'."

„Das ist ja schrecklich", meint Valentino, „im Fernsehen hieß es doch immer: ‚Wer nicht fragt, bleibt dumm'. Aber ich habe schon damals gedacht, das ist auch eher eine Drohung und nicht hilfreich für die Entwicklung von Neugier."

Ich bleibe stumm und denke nach. Es ist so: Aus allen diesen Gründen wurde und wird Ergebnisorientierung bevorzugt und Prozessorientierung vernachlässigt. Dabei sind beide wichtig und es ist dringend erforderlich, dass die Wahrnehmung und Wertschätzung von Prozessen wieder an Bedeutung gewinnt.

Das geht nur mit Neugier, und Neugier wird schon vielen Kindern weitgehend abgewöhnt. Deshalb haben es auch Erwachsene schwer, sich auf Prozessorientierung in ihrem Denken und Handeln einzulassen.

Sie stellen lieber ihr Gefühl von Sicherheit mithilfe von Phantasien über ihr Gegenüber her, statt nachzufragen. Sie interpretieren einfach das Verhalten der anderen und wundern sich dann, wenn es manchmal Streit gibt, oder fühlen sich vielleicht – zusammen mit ihrer Interpretation – als Person abgelehnt.

„Ach, weißt du", sagt Valentino, „ich glaube, ich weiß, wie Prozessorientierung geht. Ich frage den anderen immer das, was ich nicht weiß, aber wissen möchte. Das kann doch nicht so schwer sein."

„Ist es auch nicht", sage ich, „aber es kann zu Überraschungen kommen. Und manchmal sind diese Überraschungen unangenehm oder sogar schmerzhaft. Da die Frage sich auf etwas richtet, was man noch nicht weiß, kann man eben auch nicht sicher sein, wie die Antwort ausfallen wird."

„Also alles ziemlich unsicher", meint Valentino, „kein Wunder, dass Menschen die Ergebnisorientierung vorziehen."

Ich nicke und denke, die Unbestimmtheit ist nicht allein verantwortlich für die Bevorzugung des ergebnisorientierte Denkens, sondern auch seine Erfolge in den letzten Jahrhunderten. Die großartigen wissenschaftlichen Ergebnisse und die ganzen technischen Errungenschaften basieren überwiegend auf ergebnisorientiertem oder zumindest zielorientiertem Denken und Handeln. Und es sieht so aus, als führe dieses auch in Zukunft zu weiteren erstaunlichen Produkten.

Die Versuchung, weiterhin diese Art des Denkens zu bevorzugen, ist daher sehr groß. Dabei ist es gerade im zwischenmenschlichen Miteinander so wichtig, sich auf das, was man nicht vom anderen weiß, einzulassen und prozessorientiert miteinander zu reden.

Ich seufze ein bisschen bei diesem Gedanken und Valentino merkt es. Seine Spiegelneuronen funktionieren hervorragend. „Bist du traurig?", fragt er mich. „Nein", sage ich, „eher ein bisschen deprimiert oder desillusioniert, ich weiß es nicht genau."

„Das brauchst du nicht zu sein", sagt er, „alle Menschen werden ununterbrochen mit der Prozessorientierung des Lebens konfrontiert. Sie können den Prozessen des Lebens nicht entgehen. Sie erleben das Aufwachsen ihrer Kinder und erfahren dabei, wie wenig Kontrolle sie über deren Prozesse haben. Sie nehmen den Wechsel der Jahreszeiten und ihr eigenes

Älterwerden und so weiter wahr und wissen meistens, dass die damit einhergehenden Prozesse sich ohne ihr Zutun einfach von alleine entfalten. Eigentlich können sie, wenn sie ihre Umwelt bewusst wahrnehmen, die Prozessorientierung gar nicht leugnen. Du brauchst nur abzuwarten, dann kommen die beiden Arten des Denkens und Handelns wieder in eine angemessene Balance. Vor allem aber auch, weil nur die Prozessorientierung es ermöglicht, das Leben zu genießen. Bei der Ergebnisorientierung genießt man zwar den Erfolg, aber die sinnlichen Genüsse liegen in den Prozessen. Das weiß ich ganz genau. Und deshalb wird wahrscheinlich alles wieder in Balance kommen."

„Ich hoffe es, Valentino", sage ich und fühle mich irgendwie beruhigt. Da es auch für alle diese Prozesse keine gezielten Einflüsse gibt, kann ich nur in Echtzeit beobachten und abwarten. Leider fällt mir das schwer, weil ich so ungeduldig bin. Auch das kann ich nur akzeptieren.

21. Ergebnisorientierung: Richtig und Falsch

Valentino kommt von seinem Nachmittagsschlaf in mein Arbeitszimmer und sagt: „Ich habe über deine Worte nachgedacht. Du hast gesagt, wenn man prozessorientiert miteinander redet, da gibt es kein ‚richtig‘ und kein ‚falsch‘, weil das, was ist, so ist, wie es ist. Man könne zu etwas, was existiert, nicht sagen, dass es falsch sei. Es ist einfach. Soweit habe ich es verstanden. Aber es muss doch auch so etwas wie ‚richtig‘ und ‚falsch‘ geben. Oder?“

Ich suche nach einem Beispiel: „Um sagen zu können, ob etwas richtig oder falsch ist, brauchst du immer eine vereinbarte Prüfmethode, mit der du dann feststellen kannst, was richtig ist und was nicht. Die Aussage ‚der Wasserhahn ist jetzt wieder dicht‘ ist genau dann richtig, wenn kein Wasser mehr aus ihm tropft. Das ist dann gleichzeitig die Prüfmethode. Es gibt viele verschiedene Methoden, um herauszufinden, ob Aussagen richtig oder falsch sind.“

Und dann füge ich hinzu: „Und es gibt Situationen, in denen die Prüfung einer aufgestellten Behauptung nicht möglich ist. Wenn z. B. jemand behauptet, die Ampel sei schon rot gewesen, kann man nicht das Gegenteil beweisen, wenn keine Überprüfung mehr möglich ist. Gibt es allerdings eine Videoaufzeichnung, dann ist das etwas anderes. Dann kann man prüfen, wer recht hat. Nur mit einer Prüfmöglichkeit, auf die sich alle Beteiligten geeinigt haben, kann man untersuchen, was jeweils stimmt und was nicht, was richtig ist und was nicht. Dann ergibt sich so etwas wie eine Konsensus-Realität, auf die man sich einigen kann.

Gibt es keine solche Möglichkeit zum Prüfen, lohnt sich auch kein Streit über das, was ‚richtig‘ und was ‚falsch‘ ist.“

Valentino meint, das sei doch viel zu aufwendig. „Die Leute prüfen doch im Allgemeinen nicht, sie behaupten etwas und dann denken sie meistens, das sei auch richtig, und wenn man ihnen dann widerspricht, dann gibt es ganz oft Streit. Wieso eigentlich?“, will er wissen.

„Jeder will recht haben“, sage ich, „das liegt mit an dem ergebnisorientierte Denken. Bei dieser Denkart bewegt man sich – wie gesagt – sozusagen von einem ‚richtigen‘ Ergebnis zum nächsten ‚richtigen‘ Ergebnis. Man ist zielorientiert und dann kann man zumindest theoretisch auch immer überprüfen, ob man das Ziel erreicht hat oder nicht. Ist das Ziel erreicht worden, dann hat man ‚richtig‘ gedacht oder gehandelt. In dieser Art Denken ist es das, was zählt. Sonst nichts".

Aber Valentino ist nicht begeistert von diesen Gedanken. „Das mag ja sehr wichtig sein, wenn ein Ikea-Regal zusammengebaut wird oder irgendeine Maschine, aber so im Alltagsleben spielt das doch sicher nicht so eine große Rolle."

„Doch", widerspreche ich ihm, „stell dir vor, du würdest eine längere Autofahrt über Land machen, dann kannst du immer anhand der km-Angaben, der Ortsnamen und der Karte überprüfen, ob du noch auf der richtigen Strecke bist. Kommst du dagegen plötzlich in einem Ort an, der nicht auf deiner geplanten Strecke liegt, dann hast du dich verfahren. Oder anders gesagt, es war falsch, wie du gefahren bist.

Wenn du so fährst, dann bist du ergebnisorientiert gefahren und kannst auf deiner Fahrt immer wieder richtige, aber auch falsche Ergebnisse haben."

Und dann füge ich hinzu: „Du kannst dich allerdings jederzeit entscheiden, ob du ergebnisorientiert oder prozessorientieret vorgehen willst. Wenn du auf eine ergebnisorientierte Weise reden und handeln willst, dann gibt es dabei auch immer ‚richtig‘ und ‚falsch‘. Willst du dagegen prozessorientiert vorgehen, dann gibt es kein ‚richtig‘ und kein ‚falsch‘, es gibt nur den Prozess."

„Das ergebnisorientierte Denken gefällt mir ganz gut", sagt Valentino, „ich liebe Erfolg. Dann weiß ich, dass ich alles richtig gemacht habe. Ich mache nicht gerne etwas falsch. Obwohl ich weiß, dass ich nicht verhungern muss, wenn ich beim Jagen keinen Erfolg habe, weil du mich fütterst."

Doch er ist nicht wirklich zufrieden. „Aber irgendetwas fehlt mir. Könnte ich auch prozessorientiert Auto fahren? Ich meine, wenn ich autofahren würde. Und kann man sowohl ergebnisorientiert als auch prozessorientiert mit anderen sprechen?", fragt er.

„Das weißt du doch", sage ich, „allerdings sprichst und handelst du meistens auf eine prozessorientierte Weise."

„Erzähle mir doch einmal, wie du prozessorientiert Auto fahren würdest, damit mir der Unterschied deutlicher wird."

Ich merke, ich habe keine große Lust, aber es schadet mir auch nicht, mir den Unterschied selbst noch einmal bewusst zu machen. Also fange ich an: „Wenn ich prozessorientiert Auto fahre, dann achte ich auf den Weg und wie es mir jeweils geht. Ich spüre die Beschaffenheit der Straße mit meinem Körper, sehe die Bäume und Häuser, die Hügel und Wiesen neben der Straße, ich rieche vielleicht gemähte Gras oder etwas anderes. Wenn ich etwas sehe, was mich interessiert, halte ich an, um es genauer zu betrachten. Möglicherweise gehe ich auch ein bisschen spazieren und rieche dabei etwas Neues. Es ist vielleicht ein gelbblühendes Rapsfeld, was so intensiv duftet und ich genieße es, auch weil es ein ganz neuer Geruch für mich ist. Ich strecke und bewege mich hin und her und merke die Verspannungen in meinem Körper vom Stillsitzen beim Fahren. Dann steige ich wieder ein, um weiter zu fahren. Ich mache vielleicht vorher noch das Radio an und suche nach einer Musik, die mir gefällt. Dann fahre ich los. Nach einiger Zeit merke ich, dass ich hungrig und durstig bin und überlege mir, wo ich anhalten könntest, um eine Pause zu machen...."

„Jetzt mach mal wirklich eine Pause", unterbricht mich Valentino, „ich glaube, ich habe es begriffen. Und du hast recht, so bin ich fast die ganze Zeit drauf. Selbst wenn ich auf der Jagd bin, achte ich auf alles ringsherum, bis zum letzten Moment, bis zum Zugriff. Aber dann zählt nur noch das Ergebnis. Habe ich die Beute erwischt oder nicht?"

„Weißt Du, viele Menschen sind im Gegensatz zu dir die meiste Zeit ergebnisorientiert", sage ich, „und da spielen die Bewertungen ‚richtig' und ‚falsch' eine große Rolle."

Valentino ist plötzlich voller Mitleid und meint: „Die Armen, da entgeht ihnen aber sehr viel an sehr unterschiedlichen Vergnügungen. Wie gut, dass ich anders bin", fügt er dann noch voller Stolz hinzu, „ich möchte auf das, was du ‚prozessorientiert' nennst, nicht verzichten."

Ich denke darüber nach, ob Menschen das ergebnisorientierte Denken wirklich nur bevorzugen, weil sie sich dann sicher fühlen können, etwas richtig gemacht zu haben,

oder schnell genug merken, wenn etwas falsch ist, so dass sie es korrigieren können.

Kann sein. Vielleicht es ist aber einfach nur eine Gewohnheit.

Wir lernen bereits als kleine Kinder, aber dann später vor allem in der Schule, wie sehr es auf Ergebnisse, und zwar auf richtige Ergebnisse, ankommt. Selbst im Kunst- und Musikunterricht, die sich für prozessorientierten Unterricht geradezu anbieten, geht es oft nur um die Aneignung von reproduzierbarem Wissen. Selbstverständlich ist die Aneignung von Wissen sehr wichtig, aber der bewusste Umgang mit Prozessen eben auch.

„Ach, Valentino", sage ich, „ich glaube, die Ergebnisorientierung im Umgang mit anderen Menschen und der Umwelt wird in Zeiten von Google eher noch größer werden. Wenn ich mir die Quizsendungen im Fernseher ansehe – immer geht es nur um Wissen, und zwar meiner Ansicht nach zum großen Teil um irrelevantes Wissen. Die Balance zwischen Prozessorientierung und Ergebnisorientierung ist nicht mehr gegeben. Wie soll das nur weitergehen?"

„Also, wenn du mich fragst", meint Valentino, „dann liegt es an dem wunderbaren Gefühl, recht zu haben, wenn man ein richtiges Ergebnis hat. Ich liebe es, recht zu haben, es fühlt sich einfach toll an. Ich bin im Recht und alle anderen, die andere Ergebnisse haben, sind im Unrecht.

Wunderbar! Bei ‚richtig oder falsch' ist ‚richtig' einfach besser."

„Ich mache auch lieber etwas richtig", sage ich, „nur leider finden oft andere Menschen das falsch, was für mich richtig ist, und das kann sich zu einem Streit ausweiten. Oder ich halte etwas für wahr und andere streiten das ab. Das gibt ebenfalls leicht Konflikte."

„Warum streiten wir eigentlich nie?", fragt Valentino, „Und warum geht es zwischen uns beiden eigentlich nie um das Rechthaben?"

Das stimmt. Valentino und ich haben kaum Konflikte, schon gar nicht darum, wer recht hat. Die Frage taucht meist nicht einmal auf.

„Ich denke, das liegt daran, dass wir beide meistens prozessorientiert miteinander umgehen.", sage ich zu ihm, „Und – wie du schon öfter gesagt hast – es geht immer nur um Wunscherfüllungen. Weil ich dir gerne deine Wünsche erfülle, haben wir meistens keine Gründe für Konflikte. Nur wenn du mir morgens um sechs Uhr lautstark mitteilst, dass ich aus meinem warmen Bett aufstehen soll, um dir die Tür aufzumachen, weil du nach draußen willst, dann…"

Aber da unterbricht mich Valentino schon und sagt: „ Bisher habe ich aber, wenn du mir ebenso lautstark mitgeteilt hast, dass du das nicht willst, bis auf ein paar Mal immer nachgegeben."

„Das stimmt", sage ich, „und ich bin dir sehr dankbar dafür."

„Ach, ist schon gut", sagt er, „ich habe es gern getan." Und mit diesen Worten geht er zur offenen Terrassentür hinaus in den Garten. Er liebt es, in der Dämmerung spazieren zu gehen, immer auf der Suche nach einem Abenteuer.

22. Wunscherfüllungen

„Wenn es immer nur um Wunscherfüllungen geht, wieso sind dann manche Menschen freundlicher als andere?", fragt Valentino. „Ich vermute, dass sich die freundlichen von anderen Menschen dadurch unterscheiden, welche Wunscherfüllungen für sie bedeutungsvoll sind", sage ich.

Valentino will es wieder einmal genauer wissen.

„Wenn ich mir Freude und Dankbarkeit von anderen Menschen wünsche, dann werde ich den anderen gerne eine Freude machen, damit ich diesen Wunsch erfüllt bekomme" sage ich, „und wenn ich mir eine positive Wirkung von anderen Menschen erhoffe, dann werde ich mich hilfsbereit verhalten und sie unterstützen. Wichtig dabei ist, nicht zu warten, dass die anderen sich so verhalten, sondern selber damit anzufangen.

Anders gesagt, wenn ich eine freundliche, zugewandte Umgebung haben will, dann sollte ich mich, um diesen Wunsch erfüllt zu bekommen, anderen Menschen gegenüber selbst freundlich und zugewandt verhalten. Zumindest erhöht dieses die Wahrscheinlichkeit für die Erfüllung meiner Wünsche."

Ich denke noch weiter darüber nach, was ich gerade gesagt habe.

Ich nehme an, freundliche Menschen wissen das wahrscheinlich alles. Sie sind freundlich, unterstützend, großzügig und hilfsbereit, weil sie selbst solche Wünsche haben und wollen, dass diese ihnen von den anderen erfüllt werden. Aber leider kann man nicht unbedingt auf Gegenseitigkeit setzen.

Andere Menschen haben andere Wünsche, die sie erfüllt haben wollen. Manche wollen Geld, persönliche Macht über andere, politischen Einfluss. Sie wollen vielleicht öffentliches Ansehen, Anerkennung für ihre persönlichen oder beruflichen Leistungen, Bewunderung für ihren Erfolg und vieles andere mehr. Je nachdem, welche Wunscherfüllungen sie befriedigend finden, werden sie versuchen, sie auch zu bekommen. Manche versuchen es mit allen Mitteln und auch ohne Rücksicht auf andere oder sogar auf deren Kosten.

Während ich noch darüber nachdenke, wird mir bewusst, dass es doch viel komplizierter ist, als ich bisher angenommen habe. Es stimmt zwar, es geht immer um Wunscherfüllungen. Aber die Wünsche und ihre Hintergründe sind meistens sehr komplex.

Ich kenne Menschen, die nicht daran glauben können, dass sich auch nur einer ihrer wichtigen Wünsche erfüllen könnte. Manchen von ihnen ist es sogar verboten worden, eigene Wünsche zu haben, und sie sind trotzdem freundlich und zugewandt.

Wieder andere können den Schmerz kaum ertragen, wenn sich ihre Wünsche erfüllen. Es tut ihnen weh, meistens im Hals, oder auch in der Gegend ihres Herzens. Die Erfüllung eines existenziellen Wunsches erinnert sie daran, wie oft ihnen diese Art von Wünschen nicht erfüllt worden ist, und manchmal müssen sie – wegen dieses Schmerzes – zugleich mit dem Schmerz auch die Wunscherfüllung abwehren.

Ich finde das so ungerecht. Sie sind als Kinder schon zu kurz gekommen, haben ein ungeheures Defizit an Zuneigung und können deshalb als Erwachsene die ihnen entgegengebrachte Zuneigung nicht annehmen. Dadurch werden ihr Defizit und ihre innere Unzufriedenheit immer größer.

Nur wenn sie sich diese Prozesse bewusst machen und den über die Zeit angesammelten Schmerz zulassen, können sie vielleicht auch wieder eine Wunscherfüllung trotz ihres Schmerzes annehmen.

Andere Menschen haben schon seit ihrer Kindheit Angst davor, den Erwartungen der Erwachsenen nicht zu entsprechen. Sie tun alles dafür, damit andere Menschen mit ihnen zufrieden sind. Sie erfüllen die Wünsche anderer, manchmal schon, bevor diese ausgesprochen werden. Sie sind freundlich, hilfsbereit und geben sich vor lauter Angst – die ihnen oft nicht einmal bewusst ist – große Mühe, alles richtig zu machen, damit die anderen nicht von ihnen enttäuscht sind oder ihnen gegenüber aggressiv werden.

Trotz dieser vielen Möglichkeiten in Bezug darauf, welche Wunscher-füllungen ein Mensch bevorzugt, welche er fürchtet oder vermeidet, was er bereit ist, für seine Wunscherfüllungen zu tun und was er für die Er-reichung seiner persönlichen Ziele opfern will, es geht dabei immer um Wunscherfüllungen.

Ich sitze die ganze Zeit an meinem Schreibtisch und überlege, was meine Gedanken eigentlich für mich persönlich bedeuten. Die wichtigste Er-kenntnis für mich ist: Lebewesen sind intentional, sie wollen immer et-was. Auch wenn jemand etwas nicht will, drückt er damit ein Wollen aus.

In Variation des bekannten Satzes „Man kann **nicht** nicht kommunizie-ren" gilt meiner Ansicht nach auch der Satz „Man kann **nicht** nichts wol-len".

Leider habe ich öfter damit Schwierigkeiten und das gilt wohl für viele Menschen. Sie wissen oft nicht mehr, was sie – unabhängig von den Er-wartungen anderer – selbst wollen. Sie wissen jedoch meist sehr genau, was sie nicht wollen oder was sie wollen sollen.

Durch Werbung aller Art wird den Menschen ununterbrochen vermittelt, was sie wollen sollen und was unverzichtbar sei, um glücklich zu werden: einen Partner zu finden, eindrucksvoll auf andere zu wirken, Erfolg im Beruf zu haben, den wirklich erholsamen Urlaub zu machen und so wei-ter. Mit der Schaffung künstlich erzeugter Bedürfnisse lässt sich viel Geld verdienen. Denn die Befriedigung dieser künstlich erzeugten Bedürfnisse kostet dementsprechend auch viel Geld.

Und so steht „Geld" und was man dafür bekommen kann, oft ganz oben auf der Wunschliste vieler Menschen.

Was wir uns wünschen und welche Wünsche uns erfüllt werden, ist entscheidend für unser Wohlbefinden. Die Qualität unserer Wünsche und die Qualität unserer persönlichen Wirklichkeit hängen direkt miteinander zusammen.

Die Wünsche, die Menschen aneinander haben, um die Qualität unserer persönlichen Wirklichkeit zu sichern, sind ganz besondere Wünsche. Es sind die existenziellen Wünsche, wie „wahrgenommen zu werden", „dazuzugehören", „eine Wirkung auf und eine Bedeutung für andere zu haben", „geachtet", „respektiert und wertgeschätzt oder sogar geliebt zu werden". Deren Erfüllung sichert die Qualität unserer sozialen Beziehungen. Leider geraten diese Wünsche und ein konstruktiver Umgang damit im Alltag leicht in den Hintergrund.

Denn wenn man beginnt, auf die Art und Weise zu achten, wie Menschen miteinander umgehen, bemerkt man, wie selten Menschen sich wechselseitig diese existenziellen Wünschen erfüllen. Ich finde das erschreckend.

Plötzlich erschrecke ich mich wirklich ein bisschen, denn Valentino tippt mir plötzlich mit seiner rechten Vorderpfote auf den Oberarm. Er meint, er sei auch noch da und er wolle wissen, warum ich so stumm sei und so lange vor mich hingucken würde.

„Ach, Valentino", sage ich, „es ist alles so kompliziert", und dann erzähle ich ihm, was mir so alles durch den Kopf gegangen ist.

Aber Valentino sieht es nicht so pessimistisch wie ich und sagt: „So viele Menschen sind unzufrieden, unglücklich und hoffnungslos und das sind doch Zustände, die man nicht gut lange erträgt. Solche Gefühle bilden doch die besten Voraussetzungen dafür, dass sich etwas ändert. Unter ‚normalen' Bedingungen sind Menschen doch vernünftig und werden versuchen, etwas dafür zu tun, dass es ihnen wieder besser geht. Und die wechselseitige Befriedigung der existenziellen Bedürfnisse ist doch eine der besten Möglichkeiten, um wieder zufrieden zu werden. Und vor allem so preiswert. Also weswegen verweigern sich Menschen gegenseitig die Erfüllung ihrer existenziellen Wünsche – selbst wenn sie sich gern haben? Es ist doch eigentlich ganz einfach: Einer muss eben anfangen."

„Du hast recht, Valentino, es ist eigentlich ganz einfach", sage ich, „und ich möchte wirklich wissen, weshalb wir es uns so schwer machen. Warum erfüllen wir uns nicht einfach gegenseitig diese Art von Wünschen. Hast du denn eine Idee dazu?", frage ich Valentino.

Er guckt mich fassungslos an und fragt, wie ich denn auf den Gedanken käme. Er sei doch ein Kater und so gut würde er sich mit Menschen leider nicht auskennen. Aber er würde darüber nachdenken.

Ich beschließe auch, darüber nachzudenken. Als erstes fallen mir meine eigenen Schwierigkeiten ein, anderen Menschen diese Art von Wünschen zu erfüllen.

Wann habe ich zuletzt einer anderen Person gesagt, dass ich sie gern habe. Oder dass ich ihre Hilfsbereitschaft schätze. Oder dass mir gefällt, wie sie sich anzieht und wie gut sie riecht. Oder…, oder… ?

Ich merke, dass ich ziemlich sparsam damit umgehe, anderen Menschen zu zeigen, wie groß ihre Bedeutung für mich war und ist, welche positiven Wirkungen sie auf mich ausüben und wie viele wichtige Spuren sie bei mir hinterlassen haben.

Und ich frage mich, warum es mir und offensichtlich auch anderen Menschen so schwerfällt, anderen Menschen gegenüber meine Wertschätzung auszudrücken.

Bei Valentino habe ich überhaupt keine Schwierigkeiten, ihm vorzuschwärmen, wie weich ich sein Fell finde, wie schön und leuchtend seine Augen sind, wie wichtig er für mich ist, wie gerne ich ihm zusehe, wenn er sich putzt, wie sehr mich seine geschmeidigen Bewegungen bezaubern, wie gut er riecht und wie sehr ich ihn liebe. Als ich Valentino dazu befrage, sagt er, das würde wahrscheinlich daran liegen, dass ich bei ihm keine Angst vor einer Zurückweisung oder einer Ablehnung hätte. Ich wüsste genau, wie sehr er alle meine Streicheleinheiten – die verbalen und die konkreten – genießen würde.

Das kann durchaus sein, dass dies eine Rolle spielt. Bei Valentino habe ich auch keine Sorge, dass er mich lächerlich findet oder denkt, dass ich mich bei ihm einschleimen möchte oder so etwas Ähnliches.

Ein wichtiger Grund scheint mir zu sein, dass wir es gar nicht gelernt haben und dass es unüblich ist, anderen Menschen einfach so und ohne weitere Begründungen freundliche und anerkennende Worte zu sagen.

Eigentlich traurig. Aber dabei muss es ja nicht bleiben. Und angesichts der beobachtbaren Unzufriedenheit eines großen Teils der Menschen in den verschiedensten Ländern darf es auch nicht dabei bleiben.

Man kann üben und sich trauen. Oder besser: Es ist dringend notwendig, zu üben und sich zu trauen, damit anzufangen.

23. Interpretationen als Selbstausdruck

„Hast du nicht neulich gesagt, dass alles, was du sagst oder ich von mir gebe oder was ein anderer Mensch macht, immer nur ein Selbstausdruck ist?", fragt Valentino, „Nur was sind dann Interpretationen?" „Auch eine Interpretation ist ein Selbstausdruck, aber weshalb fragst du das?"

Ich bin neugierig, wie Valentino auf diese Frage kommt, und will es deshalb wissen. „Wenn so schönes Wetter ist, wie in den letzten Tagen, gehe ich oft am frühen Abend spazieren", sagt Valentino, „dabei komme ich auch durch Gärten, wo Menschen zusammensitzen und sich unterhalten, und ich habe den Eindruck, die sehen das mit den Interpretationen ganz anders."

„Wie denn?", jetzt will ich es genauer wissen, „kannst du mir ein Beispiel erzählen?"

„Sehr viele könnte ich dir erzählen. Aber sie sind irgendwie nicht so deutlich, weil es so oft vorkommt".

Dann zögert Valentino und meint, Beispiele seien doch schwieriger, als er gedacht hätte, und sagt schließlich: „Es fällt mir leichter, wenn ich mir ein Beispiel zwischen dir und mir ausdenke: Also, wenn ich zu dir sagen würde, dass ich lieber schlafen möchte als mich mit dir zu unterhalten, und du würdest das so interpretieren, dass ich mich nicht mehr für dich interessiere, dann käme es doch ganz leicht zu Streit. Und was nützt es dir, zu wissen, dass es nur ein Selbstausdruck von mir ist?"

„Ich stimme dir zu, Valentino. Solange nur **du** weißt, dass du dich mit deinem Schlafwunsch nur selbst ausdrückst, ich aber trotzdem deinen Satz auf mich beziehe, nützt es tatsächlich nicht viel. Ich müsste auch meine Interpretation als einen Selbstausdruck von mir begreifen.

Ich müsste mir zusätzlich klar machen, dass ich deinen Selbstausdruck nicht auf mich beziehen sollte. Dann wüsste ich, du willst mir **nur** mitteilen, dass du schlafen willst. Und was du für dich willst, hat nichts mit mir zu tun hat. Mir wird **nur mein Wunsch**, mit dir zu reden, nicht erfüllt. Das mag mir zwar nicht gefallen, aber du hast jedes Recht dazu, das zu tun, was **du** möchtest, wenn niemand dadurch zu Schaden kommt."

„Siehst du, das sehe ich genauso", meint Valentino, „aber warum beziehen Menschen die Aussagen von anderen dann trotzdem auf sich?"

„Ich denke", antworte ich ihm, „weil wir das von klein auf so gelernt haben. Ich auch. Ich habe früher auch die Aussagen anderer Menschen auf mich bezogen und gedacht, sie hätten etwas mit mir zu tun. Und davon habe ich damals auch mein Verhalten abhängig gemacht. Heute versuche ich das, was jemand anderes sagt, als den Selbstausdruck der anderen Person zu betrachten."

Valentino guckt etwas skeptisch und ich sage: „Naja, es gelingt mir nicht immer und es ist auch oft richtig schwierig. Es ist heute noch immer ein weit verbreitetes Muster, alles auf sich zu beziehen."

Und dann füge ich noch hinzu: „Wenn mir jemand etwas unterstellt, fällt es mir besonders schwer, das als einen Selbstausdruck der anderen Person zu betrachten."

Valentino guckt verständnisvoll. Jedenfalls interpretiere ich seinen Gesichtsausdruck so. Ich brauche gerade ein bisschen Verständnis, weil ich mich sonst mit meinen eigenen Gedanken zu sehr heruntermachen würde. Und um es noch ein bisschen zu übertreiben, sage ich zu ihm: „Vielen Dank, Valentino, für dein Verständnis!"

„Welches Verständnis?", fragt er völlig verständnislos. Aber dann kriegt er mit, was ich gerade gesagt habe und meint, manche Interpretationen seien doch sehr angenehm. Warum ich eigentlich etwas dagegen hätte, sie auch für wahr zu halten, wenn man dadurch angenehme Gefühle bekäme?

„Ich denke, das ist eine sehr interessante Frage, Valentino, und ich werde darüber nachdenken, schließlich kann man glauben, was man will."

Ich mache mir einen Kaffee und nehme ihn mit auf die Terrasse. Ich setze mich in den Schatten und denke nach.

Wenn jemand mein Verhalten in positiver Weise interpretiert, dann weiß ich zwar, dass dieser Mensch nur etwas von sich selbst ausdrückt und es möglicherweise auch ernst meint. Also warum soll ich nicht daran glauben, dass er auch etwas „Passendes" über mich gesagt hat?

Aber das hat einen Haken. Wenn ich anfange daran zu glauben, dass ein Mensch mit seinen positiven Aussagen etwas „Richtiges" von mir erkannt hat, dann werde ich wohl auch daran glauben müssen, wenn jemand etwas Negatives über mich sagt.

Wenn ich das nicht möchte, werde ich wohl dabei bleiben müssen, dass nur ich die Expertin für mich selbst bin. Es ist allerdings wichtig, dass ich über die **Vermutungen** nachdenke, die andere Menschen in Bezug auf mich haben. Auch über die, die ich als kritisch oder negativ empfinde.

Wir haben alle blinde Flecken in Bezug auf uns selbst und unser Verhalten, und es ist gut, dass diese anderen Menschen auffallen. Und wenn sie uns mitteilen, was ihnen an uns aufgefallen ist, können wir in vielen Fällen etwas dazulernen. Es ist sehr sinnvoll, selbstkritisch zu überprüfen, was vielleicht an den Beobachtungen und Behauptungen anderer Menschen für uns selbst zutrifft, sowohl den freundlichen als auch den kritischen.

Meistens allerdings wehren wir die kritischen Interpretationen ab und wollen sie nicht hören.

Ich bin auch sehr gut im Abwehren kritischer Bemerkungen über mich. Aber innerlich kommen mir dann meistens doch die Selbstzweifel. Ich kenne aber auch Menschen, die zweifeln nie an sich, immer nur an anderen.

Valentino unterbricht meine Gedanken: „Sag mal, ich habe den Eindruck, du hast etwas gegen das Interpretieren. Meinst du, man solle das Interpretieren besser sein lassen?"

„Im Gegenteil, Valentino", sage ich, „Interpretieren ist ganz wichtig. Damit versuchen wir doch eine Vorstellung davon zu bekommen, was eine andere Person fühlt, denkt oder will. Ein Problem entsteht erst, wenn man denkt, die eigene Interpretation sage wirklich etwas über die andere Person aus und sei wahr. Das kann nicht sein. Wir können nicht wirklich etwas über die Prozesse im Inneren einer anderen Person wissen. Das ist eine Welt, die uns verschlossen ist, außer die andere Person erzählt uns etwas davon. Aber wir brauchen für unser eigenes Handeln immer **Vermutungen** in Bezug auf unser Gegenüber und die Situation, in der wir uns befinden, oder die Probleme, die wir lösen müssen. Interpretationen sind in diesem Sinne zwar Vermutungen, die ausschließlich auf den eigenen Erfahrungen beruhen, aber sie sind sehr hilfreich in Bezug auf die Orientierungen unseres eigenen Handelns."

Ich merke, ich bin schon wieder sehr belehrend geworden, und befürchte, dass Valentino sich dadurch unwohl fühlt. Aber als ich ihn danach frage, sagt er: „Ich habe den Eindruck, so etwas befürchtest du viel zu schnell. Stimmt das?" Aber bevor ich das beantworten kann, redet er schon weiter: „Du kannst allerdings ganz beruhigt sein, ich denke nicht, dass ich kleiner oder weniger klug werde oder mich unwohl fühle, nur weil du dich belehrend verhältst? Ich habe doch gelernt, dein Verhalten nicht auf mich zu beziehen!"

„Da bin ich aber froh", sage ich, „ich fürchte, ich bin so gerne eine Lehrerin, dass ich keine Gelegenheit vorbeigehen lasse, andere in irgendeiner Weise zu belehren, ob sie das wollen oder nicht. Ich kann dich nur bitten, mich einfach zu stoppen. Dann höre ich auch auf."

„Ist schon gut", beruhigt mich Valentino, „ich habe ja verschiedene Möglichkeiten, wenn es mir zu viel wird: Ich kann gähnen und aufhören, dir zuzuhören. Ich kann sagen, dass ich das alles schon weiß oder dass mich das alles nicht interessiert. Ich kann dich unterbrechen und ein eigenes Thema anfangen und schließlich kann ich – mit oder ohne Erklärung – einfach weggehen. Du siehst, ich bin dir nicht ausgeliefert."

„Ich glaube, du kriegst das mit dem Interpretieren schon wunderbar hin", sage ich, „du entwickelst deine Phantasien über andere, sprichst sie auch aus, aber dann fragst du bei den anderen nach, ob deine Interpretationen zutreffend seien. Ich glaube, ich kann mich noch nicht so gut von der Vorstellung trennen, meine Interpretationen seien wahr.

Ich weiß, dass alle Interpretationen bei mir wie auch bei anderen nur aus dem eigenen Inneren stammen können und deshalb auch immer nur ein Selbstausdruck sind. Aber wenn andere Menschen meine Person und das, was ich fühle und denke oder wie ich mich verhalte, interpretieren und gleichzeitig so tun, als ob sie damit wahre Aussagen über mich gemacht hätten, dann fühle ich mich oft getroffen oder werde sogar wütend."

„Meinst du nicht, dass das etwas mit fehlender Wunscherfüllung zu tun hat?" Valentino hat wieder diesen weisen Ausdruck, der meistens dazu führt, dass ich sehr aufmerksam werde.

Und als ich ihn frage, wie er das meint, sagt er: „Du willst doch als die Person, die du bist, wahrgenommen und akzeptiert werden. Aber wenn jemand versucht, dich zu interpretieren und dir etwas zuzuschreiben, was du für dich gar nicht akzeptieren kannst, dann wird dir dieser Wunsch nicht erfüllt. Deine Wut enthält nur die Information, dass es gerade keine Erfüllung eines wichtigen Wunsches gibt."

Ich spüre, wie ich traurig werde. Valentino hat recht. Wahrgenommen und akzeptiert zu werden als die Person, die ich selbst in mir sehe, das ist ein Wunsch, der mir nur sehr selten erfüllt wurde

Und dieses Defizit schmerzt und darüber werde ich wütend. Dann merke ich es nicht so, dass mir etwas weh tut, die Wut in mir überlagert den Schmerz.

Dieser Zusammenhang ist mir neu und ich fühle mich Valentino gegenüber sehr dankbar, dass er ihn mir gezeigt hat. Ich bedanke mich bei ihm und sage ihm, wie wichtig er für mich und mein Leben ist. Er schnurrt, reibt seinen Kopf an meiner Hand hin und her und dann dreht er sich um und geht in den Garten. Ich glaube, er hat sich darüber gefreut, dass ich ihm das gesagt habe.

24. Opfer sein und bleiben?

Valentino streckt sich. Dazu senkt er seinen Kopf, streckt seine Vorderpfoten mit ausgefahrenen Krallen weit nach vorne und macht einen großen Buckel. Sein ganzer Körper wirkt dabei viel größer. Er merkt, dass ich ihn beobachte, und richtet sich wieder auf.

Dann sagt er: „Weißt du, ich bin sehr froh darüber, dass ich ein Raubtier bin. Auch wenn ich mich meistens ganz sanft und zärtlich verhalte, bin und bleibe ich ein Raubtier."

Ich erinnere mich, dass Valentino das schon öfter gesagt hat, aber ich weiß bis heute nicht, warum ihm das so wichtig ist, und deshalb frage ich ihn danach.

„Raubtiere werden seltener Opfer", sagt er, „und ich hasse es, ein Opfer zu sein. Im Gegensatz zu euch Menschen", fügt er dann nach einer kleinen Pause noch hinzu.

„Wie meinst du denn das? ", frage ich nach.

„Na, die meisten Menschen verhalten sich doch wie Opfer. Sie tun meist so, als seien sie völlig unschuldig an den Geschehnissen. Schuldig sind die anderen oder die Umstände. Selbst ihre Gefühle werden ihnen von anderen gemacht und zu ihren Handlungen sind sie provoziert oder sogar gezwungen worden. Schrecklich!"

Ich schweige, aber innerlich stimme ich Valentino zu. Ich habe es auch oft genug beobachtet: Menschen erzählen einander, wie andere sie geärgert oder sie verletzt hätten, wie andere sie unter Druck gesetzt und zu ihrem Handeln gezwungen hätten, wie sehr sie unter dem Verhalten von anderen Menschen leiden würden und wie schlecht es ihnen geht. Manchmal haben sie beim Erzählen ihrer schlimmen Erfahrungen sogar gelächelt. Häufig hatte ich dabei den Eindruck, sie würden ihr eigenes Opfersein auch nicht ändern wollen. So, als hätten sie etwas davon. Ein Vorteil fällt mir sofort wieder ein: Wenn ich das Opfer von anderen bin, habe ich keine Verantwortung, ich bin fremdbestimmt und deshalb unschuldig.

Diesen Vorteil kenne ich aus eigenen früheren Erfahrungen. Ich – als das Opfer – habe zwar gelitten, aber zumindest war ich gut und die Täter waren böse. Außerdem konnte ich auf Mitgefühl und soziale Unterstützung hoffen. Und zusätzlich brauchte ich mich nicht einsam und alleine fühlen. Es gab außer mir noch viele andere Opfer und wir konnten unsere Erfahrungen miteinander austauschen und gemeinsam klagen.

Ich bin viele Jahre meines Lebens überwiegend Opfer gewesen und bin dementsprechend auch mit den Vorteilen des Opferseins vertraut.

Während ich weiter darüber nachdenke, fühle ich mich etwas beschämt, denn mir wird bewusst, dass ich mich mit meinem Opfersein auch vor sehr bedeutsamen Erfahrungen geschützt habe: Erstens konnte ich vermeiden, meine eigenen Grenzen kennenzulernen, und zweitens konnte ich als Person nicht scheitern. Denn wenn etwas sich nicht so entwickelte, wie ich es mir gewünscht hätte, konnte es ja nicht an mir – dem Opfer – liegen. Schuld waren immer die anderen, denn ich hatte ja nichts getan. Es ist mir sehr peinlich, dass ich früher so gedacht habe.

Und noch etwas fällt mir ein. Ich habe versucht, damit die Aggressionen der anderen nach dem Motto „Wer tritt schon einen Krüppel" zu vermeiden. Aber wenn ich mit mir selbst ganz ehrlich bin, habe ich nicht nur Angst vor den Aggressionen der anderen, ich habe auch Angst vor meiner eigenen Wut. Ich war als Kind sehr jähzornig. Zwar habe ich niemandem geschadet, aber ich weiß noch, wie viel Kraft es mich gekostet hat, mich zu beherrschen. Manchmal half mir nur die Flucht, um eine möglichst große Distanz zwischen mir und meinen potenziellen Opfern zu schaffen.

Mehrfach habe ich mich selbst eingeschlossen, nur um andere nicht zu schlagen. Doch langsam aber sicher wurde meine Angst vor den Aggressionen der anderen größer und meine eigene Wut verzog sich mehr und mehr ins Unbewusste.

Vielleicht ist es für mich auch deshalb so schwer, herauszufinden, was ich will.

Opfer stellen ihr eigenes „Wollen" meistens zugunsten des „Sollens" und „Müssens" zurück. Das weiß ich von mir selbst. Die Erwartungen und Forderungen der anderen sind meistens wichtiger als die eigenen Wünsche und deshalb sind viele Menschen in der Opferposition intentional gehemmt. Sie wissen häufig nicht, was sie wollen und entwickeln daher auch nur selten Eigeninitiative. Auf diese Weise gerät man seltener in Interessenskonflikte mit anderen.

Mir fallen immer mehr Vorteile ein. Das Festhalten am Opfersein ermöglicht auch die Fortsetzung der Orientierung durch andere im Sinne von „Fühle, denke und tue, was ich sage!" Damit lässt sich auch wunderbar die eigene innere Leere vermeiden, man füllt sie einfach mit den Vorstellungen und Wünschen von anderen.

Das kann man zurzeit an dem aggressiven und destruktiven Verhalten von vielen Menschen beobachten, die immer stärker sehr problematische Gruppierungen oder Parteien unterstützen.

Ich erzähle Valentino von den Vorteilen, die das Opfersein haben kann, und er meint, irgendetwas müsse man ja davon haben, sonst wäre es schließlich nur schrecklich.

„Auch ich habe nicht gedacht, dass das Opfersein so viele Vorteile hat", sagt er, „jetzt wundere ich mich nicht mehr, dass ihr Menschen so häufig aus eurem Opfersein nicht herauswollt. Ich meine, Opfer wird man ja tagtäglich, jemand tritt einem auf den Fuß oder man wird schlecht behandelt oder bekommt Hühnchen, obwohl man Lachs wollte", dabei sieht mich Valentino vorwurfsvoll an, „aber es ist immer entscheidend, wie man damit umgeht."

Ich nicke und finde das auch. Ich habe seit meiner Opferzeit von damals einiges dazugelernt. Früher hatte ich so Sätze drauf wie „Nie kriege ich, was ich will!", „Immer komme ich zu kurz!", „Warum passiert immer nur mir so etwas?", „Ich habe doch gar nichts getan!" und so weiter, und ich war oft sehr unglücklich.

Valentino deutet meinen Gesichtsausdruck ziemlich zutreffend und sagt: „Es tut mir wirklich leid, dass es dir damals so schlecht ging", und streicht liebevoll an meinen Beinen hin und her, so als wollte er mich streicheln. Ich bin ganz gerührt. Und dann fügt er noch hinzu, dies hätte auch etwas Gutes gehabt. „Wenn es dir nicht so schlecht gegangen wäre, hättest du nicht so intensiv versucht, aus dem Opfersein wieder herauszukommen."

„Eine sehr wichtige Bemerkung, Valentino. Wenn ich es einigermaßen ausgehalten hätte, wäre ich heute noch ein Opfer der anderen und der Umstände. Wie gut, dass es auch erhebliche Nachteile des Opferseins gibt."

„Die möchte ich jetzt aber auch noch hören", sagt Valentino, „also, was sind die Nachteile?"

„Ich habe mich fremdbestimmt gefühlt und sehr abhängig von anderen. Waren sie nett und anerkennend mit mir, ging es mir gut, aber wenn ich mich kritisiert, abgelehnt oder ausgegrenzt gefühlt habe, ging es mir schlecht. Das Verhalten der anderen mir gegenüber hat meinen eigenen Gefühlszustand, meine Gedankenwelt und mein Verhalten bestimmt. Ich selbst bin in solchen Situationen im Grunde nicht mehr in Erscheinung getreten und manchmal war ich völlig verschwunden. Es war unerträglich für mich. Und erst als mir das alles bewusst wurde, habe ich angefangen, mein eigenes Leben wieder selbst in die Hand zu nehmen. Ich habe die Verantwortung für meine eigenen Gefühle, meine Gedanken und mein Verhalten wieder übernommen."

Dann füge ich nach einigem Zögern noch hinzu: „Leider muss ich dir sagen, dass es mir nicht immer gelingt, und manchmal brauche ich viel Zeit, bis ich wieder weiß, was ich eigentlich will und welches Verhalten ich für mich für angemessen halte."

„Ich finde das nicht schlimm", sagt Valentino, „Hauptsache, du kommst immer wieder aus dem Zustand heraus und fühlst dich dann wieder als das autonome Wesen, welches du im Grunde bist. Weißt du, dann fühlst du dich frei und vollständig und das ist ein toller Zustand."

Ich streichle ihn und habe dabei Tränen in den Augen. „Ich bin so froh, dass ich inzwischen ziemlich oft in diesem tollen Zustand bin", sage ich zu ihm und füge hinzu, „im Grunde werden wir als freie und autonome Lebewesen geboren. Nur leider werden wir nicht so erzogen."

„Trotzdem geht der Wunsch danach, frei und autonom zu sein, nicht verloren", sagt Valentino und mit diesen Worten dreht er sich um und geht nach draußen. Ich sehe ihm hinterher und bewundere ihn. Er verkörpert seinen Wunsch nach Freiheit und Autonomie allein schon durch die Art, wie er von dannen schreitet.

25. Selbstsein und Selbstausdruck

„Wenn dich jemand fragen würde, wer oder wie du bist, was würdest du denn da antworten?", fragt mich Valentino. Ich bin von seiner Frage überrascht.

„Ich glaube, ich würde auf die Frage gar nicht antworten. Ich will mich nicht gerne festlegen. Außerdem sind wir doch viel zu komplex, um uns selbst mit einfachen Worten zu beschreiben." Und dann füge ich noch hinzu: „Dazu kommt noch, dass wir uns ständig verändern. Wir haben zwar den Eindruck, wir seien die gleiche Person wie letztes Jahr, aber wir haben neue Erfahrungen gemacht und einiges dazugelernt und schon allein deswegen sind wir nicht mehr dieselbe Person."

Valentino sieht mich irgendwie ungläubig an. „Also ich bin im Wesentlichen immer derselbe, und du hast doch neulich erst gesagt, dass sich Menschen meistens nicht ändern."

Ich denke an die vielen Muster, die wir alle gelernt haben und die mehr oder weniger automatisch unser Verhalten steuern, damit wir schnell – und vor allem ohne zeitraubendes Nachdenken – handeln können, und sage: „Da ist etwas dran. Ich glaube, die grundlegenden Muster, die wir als kleine Kinder entwickelt haben, um zu überleben, die ändern sich kaum noch."

„Mir fällt das grundlegende Muster einer Freundin ein", sage ich, „Es ist mir aufgefallen, weil ich das entgegengesetzte Muster habe.

Sie hat als Kind ganz oft erlebt, dass die Erwachsenen über ihre Wünsche, ihre Gefühle und ihre Gedanken einfach hinweggegangen sind. Stattdessen haben sie versucht, ihr zu sagen, wer sie ist, wie sie ist, warum sie so ist, und ihr Vorschriften gemacht und sie geschlagen, wenn sie nicht gehorcht hat. Sie hat das Verhalten der Erwachsenen als sehr invasiv und übergriffig erlebt. Und seitdem schützt sie sich davor, dass sich solche Vorfälle wiederholen. Sie schließt alles ab und sichert ihre Wohnung gegen Einbrecher und sich selbst davor, dass ihr jemand körperlich zu nahe kommt. Und sie schützt sich vor neuen Erkenntnissen durch Desinteresse und vor schmerzhaften Erlebnissen durch Vermeidung und Verdrängung. Diese Art von Schutz durch Abwehr durchzieht alle Bereiche ihres Lebens."

„Das ist sehr schlau", sagt Valentino, „ich bin mir aber nicht sicher, dass dieser Schutz immer funktioniert. Einbrecher werden immer besser und es passiert doch ständig Furchtbares in der Welt." Er sagt: „So machst du das aber nicht. Bei dir gibt es in allen Räumen mehrere Türen nach draußen und die sind meistens offen. Heißt das, du hast keine Angst vor Invasion von außen? Wie schützt du dich denn?"

Ich weiß, dass meine größte Angst ganz anders als die meiner Freundin ist. Ich habe Angst davor, gefangen zu sein oder Schlimmeres und nicht flüchten zu können. Das erzähle ich Valentino.

„Deswegen brauche ich immer Auswege", sage ich dann noch, „Auswege aus dem Haus, Auswege aus Situationen, Auswege aus Gedankengebäuden und Auswege in Bezug auf die Erwartungen und Forderungen anderer Menschen oder in Bezug auf gesellschaftliche Normen."

„Du bist rebellisch", Valentino ist ganz entzückt, „ich bin auch rebellisch. Versuche mal, mir etwas vorzuschreiben oder mir etwas zu verbieten! Ich sage dir, es wird nicht funktionieren!"

„Das stimmt schon", sage ich, „nur leider ist die Grundlage dieses Musters auch Abwehr. Und das kann dann eben auch bedeuten, dass man nur vermeidet oder flüchtet, weil man gegen etwas ist, und sich dadurch nicht die Zeit nimmt, sich stattdessen zu fragen, was man selber will."

Valentino denkt offensichtlich nach. Seine schnelle Behauptung, er sei auch rebellisch, gefällt ihm angesichts meiner Behauptung, dass dies auch ein Schutz- und Abwehrmechanismus sein kann, nicht mehr so richtig.

„Ich bin vielleicht nicht in deinem Sinne rebellisch, aber ich mache trotzdem nicht das, was andere wollen, sondern was ich will, und da bin ich auch stolz drauf!", sagt er.

Ich lächle ihn an und sage: „Ja, ich weiß, Valentino, du bist ganz toll. Du bist sehr autonom. Und ich glaube, das liegt auch ein bisschen daran, dass du gut allein leben kannst. Menschen können nur in Gruppen überleben und deswegen müssen sie sich ziemlich stark anpassen und haben Angst davor, aus der Gruppe ausgestoßen zu werden."

Nach einer Weile fragt Valentino, ob es denn noch mehr solcher Abwehrmechanismen gäbe, und will wissen, ob sie alle auf Abwehr beruhen würden.

Nach einigem Nachdenken fällt mir ein Schutzmechanismus ein, der nicht auf Abwehr, sondern auf Vereinnahmung beruht. „Wie geht der denn?", will Valentino wissen.

„Naja, wenn ich den hätte, würde ich mir alles aneignen, was dich ausmacht: Deine Gefühle, deine Gedanken, deine Motive und so weiter. Und ich würde dir sagen, wer und wie du bist."

Valentino ist entsetzt: „Aber du sagst doch immer, dass das gar nicht geht. Niemand kann meine Gefühle, meine Gedanken und Wünsche kennen, geschweige denn mir wegnehmen."

„Das stimmt ja auch, Valentino, aber ich kann es versuchen und wenn du mir glaubst, was ich sage, habe ich es geschafft."

„Wie willst du das denn hinkriegen?", Valentino ist richtig aufgebracht. „Ich interpretiere einfach alles, was du von dir gibst, so wie ich es will", sage ich, „und ich nehme keine Rücksicht darauf, wie du es gemeint hat. Ich frage auch nicht nach. Ich behaupte einfach, dass ich recht habe."

„Das finde ich richtig gemein!" sagt Valentino, „ich weiß nur noch nicht, wie das genau gehen soll."

„Du musst mir ja nicht glauben!", sage ich, „und ich finde es auch nicht in Ordnung. Aber es ist im Grunde ganz einfach. Zum Beispiel: Wenn du mir etwas Freundliches sagst, behaupte ich, du wolltest dich nur einschmeicheln, wenn du mir etwas schenkst, werfe ich dir vor, du wolltest mich bestechen. Wenn Du traurig bist, sage ich zu dir: ‚Du willst mir nur Schuldgefühle machen", und so weiter. Kurzum, ich interpretiere alles, was du ausdrückst, einfach so, wie es mir passt."

„Aber das machen doch ganz viele Menschen so. Und das alles machen Menschen, nur um sich zu schützen?", fragt Valentino, „wieso haben sie denn so viel Angst?"

„Ich denke, das liegt daran, dass wir Menschen nicht sehr nett mit uns umgehen. Wir erwarten, dass andere Menschen – vor allem Kinder – das tun, was wir wollen, sie sollen uns gehorchen und uns unsere Wünsche erfüllen. Wir werden böse, wenn wir nicht bekommen, was wir wollen, und das macht Angst."

„Wenn ich dich richtig verstanden habe, dann hat jeder Mensch so seine eigenen Schutzmechanismen, je nachdem, was er erlebt hat. Und diese Muster bestimmen dann – genau wie seine anderen Muster auch – wie er sich selbst ausdrückt." Und als ich nicke, fährt er fort: „Dann habe ich aber ein Riesenproblem! Willst du damit sagen, ich bin nur **ich** wegen all meiner Muster? Und du auch, nichts als eine Ansammlung von Mustern? Und mein jeweiliger Selbstausdruck soll auch nichts anderes sein als ein Ergebnis meiner Muster? Wo bleibt denn da der freie Wille, wenn – wie du sagst – unsere Muster uns mehr oder weniger automatisch reagieren lassen?"

„Aber Valentino, selbst wenn du automatisch reagierst, benutzt du doch ausschließlich deine eigenen Muster, die du dir während deines ganz persönlichen Lebens angeeignet hast. Und diese Muster sind doch nur deshalb automatisiert, damit du – ohne nachzudenken – sofort und spontan reagieren kannst. Das kann im Zweifelsfalle dein Leben retten.

Aber über deine Frage in Bezug auf die Willensfreiheit streiten sich viele und die Antworten fallen sehr unterschiedlich aus. Ich persönlich finde, es gibt die persönliche Willensfreiheit, auch wenn wir in der Lage sind, vieles automatisch und ohne Nachdenken zu erledigen. Wir müssen nicht nach unseren Mustern handeln, wir können unsere Handlungen stoppen. Damit können wir die Wirkung eigener Muster außer Kraft setzen, können sie uns bewusst machen und über sie nachdenken. Wir sind nicht automatisch die Opfer unserer Muster."

Valentino putzt sich und dann sagt er: „Ich liebe alle meine Muster. Sie helfen mir, so schnell zu jagen. Ich glaube, ich habe nur Muster, die mir nützen und ich will keines außer Kraft setzen. Aber bei Menschen ist das offensichtlich anders. Ihr habt ja so merkwürdige Vorstellungen, was man machen darf und was nicht, und ihr müsst das alles lernen." Er klingt richtig mitleidig, als er das sagt.

Und er hat recht. Wir lernen eine solche Fülle von kulturellen Überzeugungen, von sozial erwarteten Verhaltensweisen, von gesellschaftlichen Normen und Werten und üben die zugehörigen Muster ein, so dass es manchmal schwierig ist herauszufinden, welche Muster eigentlich gut für uns sind.

Und während ich noch darüber nachdenke, erinnere ich mich an eine ganze Reihe von Geboten und Verboten und an meine Versuche, ihnen zu entgehen. Und dabei fallen mir auch einige der dabei von mir gelernten Muster ein. Das banale Gebot „Ich darf nicht zu spät kommen" war eines davon. Wenn eine Verspätung drohte, bekam ich Panik. Das ist heute nicht mehr so, aber es gibt immer noch Muster, mit denen ich versuche, mir vermeintlich bedrohlich erscheinende Situationen zu vermeiden. Das ist jedoch nicht mehr sinnvoll, wenn es die Bedrohungen von früher heute nicht mehr gibt. Denn in solchen Fällen vermeide ich eher mich selbst und das Leben.

Ich erzähle das alles Valentino und sage: „Problematisch sind vor allem die Muster, die man zwar früher zum Schutz gebraucht hat, aber heute nicht mehr. Sie sind in gewisser Weise sinnlos geworden und können sich sehr destruktiv auswirken. Aber es gibt noch viele andere Muster, die sich geradezu katastrophal auswirken. Viele kulturelle Muster gehören dazu. Und leider verschwinden Muster nicht einfach. Man kann nur ihre Wirkungen reduzieren. Aber um problematische Muster wirkungslos zu machen, ist es sowohl notwendig, sie zu kennen, als auch wichtig, sie in konkreten Situationen wiederzuerkennen und dann zu entscheiden, ob man das Muster wirklich verwenden will oder nicht."

„Das stellst du dir so einfach vor", meint er, „ich glaube, die meisten Menschen finden das sehr schwierig."

„Ich finde das auch schwierig. Schwierig in der konkreten Umsetzung. Aber die Strategie, wie man das machen kann, ist ziemlich einfach. Immer wenn ich merke, ich denke so etwas wie „Ich muss...", „Ich darf nicht...", „Ich sollte...", oder mir solche Fragen stelle, wie „Was sollen denn die anderen denken?", dann weiß ich, ich verwende vermutlich irgendwelche Schutzmechanismen. Dann kann ich innehalten und mich fragen: „Was will ich wirklich und was will ich dafür tun?"

„Das sagst gerade du?", sagt Valentino, „Und das, obwohl du behauptest, Schwierigkeiten damit zu haben, herauszufinden, was du willst! Wie soll denn das gehen?"

Irgendwie ist Valentino amüsiert. Und es stimmt schon, was er sagt: Theoretisch scheint es einfach zu sein, aber die Umsetzung ist sehr schwer.

In gewisser Weise kann ich nur dann selbstbestimmt sein, wenn mir meine Schutz- und

Abwehrmechanismen bewusst sind und ich mich bemühe, sie nicht einfach zu agieren. Aber selbstverständlich bin ich auch ich selbst, wenn ich keine Ahnung davon habe, wie sehr ich durch unterdrückende Maßnahmen meiner Umwelt geprägt wurde. Schließlich kann ich ja gar nichts anderes sein als ich selbst.

Aber ich kann mich um Selbstbewusstheit bemühen. Und alles, was ich von mir zeige und sage, ist mein Selbstausdruck. Das erzähle ich Valentino und es gefällt ihm. Er meint, das reiche ihm an persönlicher Freiheit. Er sieht mich an und sagt: „Hauptsache, ich bin immer ich, was auch immer ich sage oder tue, und keiner kann mich in irgendeiner Weise bestimmen, wenn ich es nicht will."

Damit dreht er sich um und geht, um sich einen neuen, bequemen Schlafplatz zu suchen.

„Da kannst du ziemlich sicher sein, Valentino", murmele ich hinter ihm her.

Plötzlich kommt er noch einmal zurück und sagt:

„Wenn also ich mich in irgendeiner Weise ausdrücke, etwas sage oder mich auf bestimmte Weise bewege, dann drücke ich immer nur mich selbst aus und mit dem anderen hat das nichts zu tun, das stimmt doch so, oder?"

Ich nicke und sage, der andere sei nur der Adressat, an den sich der eigene Selbstausdruck, seien es nun direkte Wünsche, sonstige Informationen oder was auch immer, richten würde.

Valentino redet weiter: „Wenn mich also jemand abwehren oder vereinnahmen will, dann drückt er damit nur seine eigenen Wünsche oder Muster aus und mit mir hat es nichts zu tun, oder?"

Ich nicke wieder und merke, dass Valentino ganz nachdenklich ist. Dann sagt er: „Das ist ja schrecklich!" Ich verstehe nicht, was er damit meint und frage nach.

„Na, das ist doch klar! Wenn es so ist, wie du sagst, dann sage ich doch mit jedem Selbstausdruck etwas über mich aus. Mit jedem Selbstausdruck verrate ich anderen etwas über mich. Sie können dann mehr über mich herausfinden, als mir lieb ist. Das ist es, was ich furchtbar finde."

Ich versuche, ihn zu beruhigen, und sage: „Solange du dich freundlich ausdrückst und mit Respekt, Achtung und Wertschätzung für andere, dann verrätst du nur Angenehmes von dir. Das gilt allerdings nur – wegen der Spiegelneuronen –, wenn du das auch ernst meinst. Aber diejenigen, die über andere herziehen, sich über das Unglück von anderen amüsieren oder sich über andere verächtlich äußern, die zeigen eben sehr viel Unangenehmes von sich selbst."

„Das nenne ich aber einen guten Grund, nett und freundlich zu sein.", meint Valentino, „Dann kann ich wenigstens ein bisschen Einfluss darauf nehmen, was ich der Welt von mir zeige."

Und dann fügt er noch hinzu: „Ich glaube, die meisten Menschen wissen gar nicht, wie viel sie mit ihrem Selbstausdruck anderen über sich erzählen. Wenn sie das wüssten, wären sie wahrscheinlich freundlicher."

Ich seufze ein bisschen und sage: „Vielleicht", und sehe ihm hinterher. Valentino ist schon wieder auf dem Wege zu seinem geheimen neuen Schlafplatz.

„Auf Wiedersehen, Valentino", sage ich. „Ich bin froh und dankbar, dass es dich in meinem Leben gibt."

Nachwort

Das neue Denken und Handeln

Die Grundlagen des „neuen" Denkens und Handelns, um die es mir hier geht, sind im Grunde einfach, aber schwer zu akzeptieren. Sie widersprechen allen unseren Gewohnheiten.

Wenn man beginnt, sich diese neuen Grundlagen anzueignen, wird man feststellen, dass es sich um etwas radikal Neues handelt, welches mehr und mehr persönliche Freiheit und Befriedigung im Umgang mit anderen Menschen ermöglicht.

Von unseren Vorfahren wurde uns von Generation zu Generation – teilweise seit Jahrhunderten – weitergegeben, wie wir bisher denken, wie wir bisher mit unseren Gefühlen umgehen, wie wir bisher miteinander sprechen, wie wir bisher mit Neuartigem und Ungewohntem und wie wir mit unseren Wünschen umgehen. Und dieses ist uns zur Gewohnheit geworden. Leider stellen sich die Bevorzugung mancher Gewohnheiten in unserer Zeit als zunehmend als zerstörerisch heraus, weil wir nicht berücksichtigen, was für unser Überleben und das der uns umgebenden Systeme notwendig ist.

Neue wissenschaftliche Untersuchungen zeigen, dass die meisten der Systeme um uns herum selbstorganisierende Systeme sind – wie alle Lebewesen, ökologische und ökonomische Systeme, Aktienmärkte, das Klima, Meeresströmungen und vieles andere mehr. Damit unsere Umwelt nicht zugrunde geht, müssen wir wissen, was diese Systeme zum Überleben brauchen. Deswegen ist eine wissenschaftliche und gesellschaftspolitische Auseinandersetzung mit diesen Systemen und ihren Überlebensbedingungen unerlässlich.

Selbstverständlich kann man im Rahmen wissenschaftlicher Untersuchungen versuchen, selbstorganisierende Systeme wieder in berechenbare Systeme geringer Komplexität zu verwandeln, indem man die Anzahl der beeinflussenden Faktoren beziehungsweise der zu berücksichtigenden Variablen reduziert. Genau das wird in vielen Bereichen der Forschung auch gemacht.

Verzichtet man jedoch auf diesen Ansatz reduktionistischer Wissenschaft, dann lassen sich die Komplexität und das Phänomen der Selbstorganisation vieler Systeme kaum übersehen.

Selbstorganisierende Systeme brauchen ganz bestimmte Bedingungen zum Überleben.

Und um das Zusammenbrechen und die Zerstörung der uns wichtigen selbstorganisierenden Systeme möglichst zu verhindern, ist es dringend erforderlich, sich mit den grundlegenden Überlebensnotwendigkeiten dieser Systeme auseinanderzusetzen und mehr als bisher zu berücksichtigen. Auf diese bin ich hier nicht im Einzelnen eingegangen.

Ich habe lediglich wichtige Inhalte des neuen Denkens und Handelns in dem vorliegenden Band **Gespräche mit Valentino** zusammengefasst. Alles andere findet sich in den folgenden Sachbüchern:

Lebendig sein – Das Phänomen der Selbstorganisation und seine Konsequenzen für unser Zusammenleben. Strategien des Scheitern und Gelingens

und

Verantwortlich handeln – Das Phänomen der radikalen Wechselwirkung und seine Konsequenzen für unser Zusammenleben. Strategien des Scheiterns und Gelingens.

Auch in den einzelnen Kapiteln der beiden Sachbücher stehen bereits viele kleine Geschichten mit Valentino und mit diesem Buch setze ich diese Tradition fort. Ich hoffe, dass durch dieses Buch ermöglicht wird, sich vieles von dem neuen Denken und Handeln auf eine einfache und wesentlich verkürzte Weise anzueignen

Will man sich umfassender und wissenschaftlich untermauert informieren, ist dies jederzeit mit Hilfe der beiden Sachbücher möglich. (siehe Bestellhinweise)

In den hier vorliegenden **Gesprächen mit Valentino** habe ich nicht – wie in den Sachbüchern – auf die zugrundeliegenden vielfältigen wissenschaftlichen Forschungsergebnisse und auf die zugehörigen Überlegungen anderer WissenschaftlerInnen hingewiesen. Ich bedanke mich jedoch hier ausdrücklich für deren Arbeiten und die dadurch für mich und andere ermöglichten Bereicherungen.

Ich danke auch allen Freundinnen und Freunden, die mich mit Anregungen, Fragen und Kritik herausgefordert haben und ganz besonders danke ich Nadja Hußmann sowohl für die sorgfältige Durchsicht des Manuskripts im Hinblick auf Ungenauigkeiten und Fehler aller Art, als auch für ihre inhaltlichen und sprachlichen Anregungen.

Und ich danke meinem Kater Valentino und hoffe, dass er noch lange lebt.

Bestellmöglichkeiten

Der Amani-Verlag stellt seine Aktivitäten leider bis spätestens zum Ende des Jahres 2017 ein. Daher kann man meine Bücher bereits jetzt nicht mehr dort anfordern.

Ab 2018 sind meine Bücher über Tredition.de und die üblichen Anbieter wieder erhältlich.

Genauere Informationen finden sich dann auch auf meiner webseite **www.reginereichwein.de**

Bis dahin können die folgenden noch vorrätigen Bücher aus dem Amani-

Verlag bei mir unter regine.reichwein@t-online.de oder telefonisch unter 0049-(0)30-851 84 21 zu einem ermäßigten Preis bestellt werden.

Lebendig sein – Das Phänomen der Selbstorganisation und seine Konsequenzen für unser Zusammenleben. Strategien des Scheitern und Gelingens, Frankfurt am Main 2010, 444 S., 25 €. Lebendig sein ist als E-Book und auch als Hörbuch erhältlich. Dieses kann auf den üblichen Download-Stores, wie Apple iTunes, Amazon, Google Play und anderen bestellt werden.

Verantwortlich handeln – Das Phänomen der radikalen Wechselwirkung und seine Konsequenzen für unser Zusammenleben. Strategien des Scheiterns und Gelingens. Frankfurt am Main 2014, 530 S., 30 €. Verantwortlich handeln ist auch als E-Book erhältlich.

Glücklich werden – suchen nach sich selbst. Kulturelle Dynamiken in der Beziehung zwischen Frau und Mann, Frankfurt am Main 2012, 330 S., 20 €. Glücklich werden ist auch als E-Book erhältlich.

Kinderseelenland. Symbolik und Erinnerung, Frankfurt am Main 2010, 312 S., 20 €. Kinderseelenland ist auch als E-Book erhältlich.

Unter dieser Mailadresse kann man auch Kontakt mit mir aufnehmen.

Ich werde mich freuen, von Ihnen zu hören

Regine Reichwein